EDAF

MADRID - MÉXICO - BUENOS AIRES - SAN JUAN

RAMIRO CALLE

AFORISMOS DE RAMANA MAHARSHI

Su vida y su enseñanza

LUZ DE ORIENTE

Director de la colección:
RAMIRO CALLE

© De la traducción de aforismos: Simon Mundy y Ramiro Calle.
© 2001. Ramiro Calle.
© 2001. De esta edición, Editorial EDAF, S. A.

Editorial Edaf, S. A. Jorge Juan, 30. 28001 Madrid
Dirección en Internet: http://www.edaf.net
Correo electrónico: edaf@edaf.net

Edaf y Morales, S. A.
Oriente, 180, n.º 279. Colonia Moctezuma, 2da. Sec.
C.P. 15530. México D.F.
http://www.edaf-y-morales.com.mx
edaf@edaf-y-morales.com.mx

Edaf y Albatros, S. A.
San Martín, 969, 3.º, Oficina 5
1004 Buenos Aires, Argentina
edafal3@interar.com.ar

Edaf Antillas, Inc.
Av. J. T. Piñero, 1594
Caparra Terrace
Tel.: (-1-787) 707 17 92
Fax: (-1-787) 707 17 97
San Juan, Puerto Rico (00921-1413)
forza@coqui.net

Octubre 2001

No está permitida la reproducción total o parcial de este libro, ni su tratamiento informático, ni la transmisión de ninguna forma o por cualquier medio, ya sea electrónico, mecánico, por fotocopia, por registro u otros métodos, sin el permiso previo y por escrito de los titulares del Copyright.

Depósito legal: M. 38.557-2001
I.S.B.N.: 84-414-0941-2

PRINTED IN SPAIN   IMPRESO EN ESPAÑA

Gráficas COFÁS, S. A. - Pol. Ind. Prado de Regordoño - Móstoles (Madrid)

Nota de agradecimiento

Con mi especial gratitud a los buenos amigos hindúes que encontré en el Ramanashram, y en especial a Ventataramán, sobrino de Ramana, que me atendió cálidamente y me animó a seguir expandiendo la Enseñanza Eterna. Haber podido meditar en las cuevas en que lo hiciera Ramana, dejó para siempre en mi alma el «sabor» de lo imperecedero.

Índice

	Págs.
Introducción	11
PRIMERA PARTE. EL ENCUENTRO CON EL SÍ MISMO	15
SEGUNDA PARTE. RAMANA MAHARSHI: UN MÍSTICO DE LA ESPIRITUALIDAD	33
1. La visión del mundo interior	35
2. Por el sendero del Yo	49
3. El Maharshi y la Montaña Sagrada	59
4. Una existencia de paz	61
5. Los últimos años	69
6. La doctrina del Maharshi	75
7. La personalidad del Ramana Maharshi	87
8. A los pies del Maestro	89
TERCERA PARTE. AFORISMOS DE RAMANA MAHARSHI	107

1
Introducción

Ramana Maharshi ha sido uno de los más grandes realizadores contemporáneos. Fue el maestro del silencio, porque lo mejor de su enseñanza lo transmitió a través de un elocuente silencio que conmovió los cimientos espirituales de muchos de sus devotos. Su propia experiencia y realización lo condujeron a interpretar la última realidad como lo hiciera Sankara: el mundo no tiene realidad aparte del Brahmán (el Sí-mismo en todo ser humano), quien es como la pantalla sobre la que se proyectan todas las imágenes. Y cuando el observador se convierte en pantalla, más allá de las imágenes, solo permanece el Sí-mismo. Así como las imágenes no afectan a la pantalla como tal, tampoco los fenómenos afectan al Sí-mismo. Entre el Sí-mismo y el cuerpo surge el ego. El ego es el pasaporte hacia la esclavitud; es origen de miserias sin fin. Causa la identificación del hombre con sus vestiduras: cuerpo, mente, centro emocional. Enredado en el ego y por la ignorancia básica, el hombre no percibe su Sí-mismo o Yo superior. Pero el Yo real puede ser captado más allá de la mente superficial y del ego. Él está en la fuente del pensamiento; él es el testigo de la mente; él es el testigo imperturbable que hay que buscar de manera incesante. Es la Consciencia pura, autoconsciente y permanente. Vaciada de todo contenido, la mente es consciencia pura. La esencia de esa consciencia es el Sí-mismo. Si el yoga pone tanto empeño en la supresión de los procesos mentales, es para que pueda percibirse ese Sí-mismo a través de la Consciencia pura. En el inmaculado vacío de la consciencia se escucha la voz del Sí-mismo. El ego es la barrera, el que origina ignorancia como la araña fabrica la tela que la atrapará. El Yo o Sí-mismo no nace ni muere. Siempre es el Brahmán o Alma Universal. La mente se transforma, pero el Yo permanece. Él es el contemplador del vacío. La Realidad Única se manifiesta como Brahmán, atman y mundo; en terminología cristiana: Dios, alma y mundo. Pero es una. Ninguna realidad hay fuera de esa Realidad Única. Ramana insistía: «Dios está dentro de ti». Respetaba todos los métodos y religiones, pero para aquellos que pudieran seguirlo recomendaba como el más idóneo y directo la indagación del Sí-mismo, invitando a preguntarse: ¿Quién soy yo? Decía: «La indagación ¿quién soy yo? significa realmente tratar de hallar la fuente del ego o del pensamiento del "yo"». A través de un sutil análisis y de un penetrante discernimiento, hay que irse remontando a la fuente interior. Aunque se inclinaba abiertamente por el Advaita Vedanta, porque era la experiencia que él había rescatado y concluido, aprobaba todas las escuelas, porque «la misma verdad ha de expresarse de diferentes modos para adecuarse a la capacidad del oyente». Insistía en la necesidad absoluta del esfuerzo y la perseverancia, cuando hoy en día han proliferado esos gurus que consiguen decenas de miles de discípulos haciéndoles ver que nada hay que hacer y que el esfuerzo no es necesario. Como decía Ramana, mientras hay ego, el esfuerzo es imprescindible. Solo se puede prescindir de él cuando se ha despojado uno del ego. Eso es lo malo de muchos supuestos maestros realizados: que enseñan verdades a medias o mentiras disfrazadas de verdad. Esos supuestos maestros abundan hoy en día. El aspirante debe comenzar por ponerles a prueba. Si se consigue estar al lado de un hombre realizado, la ventaja espiritual será considerable. Pero, en último grado, baste saber, como decía Ramana, que el maestro está siempre en las profundidades del Sí-mismo en el propio interior. «El sad-guru está dentro de ti.»

Ramana Maharshi descubrió la última realidad y la expuso a los demás a través del silencio y de contestaciones escuetas. Esa última realidad es inexpresable. Es siempre la misma (no podía ser de otra forma), aunque cada persona puede interpretarla a su manera. Para los autores de este libro, todas las polémicas sobre esa última realidad son irrelevantes e irrespetuosas. Esa última realidad puede expresarse en términos positivos, negativos o de yuxtaposición; con un acertijo intelectual o una carcajada; en términos de totalidad o de vacuidad; así como a través del silencio. La última realidad es única y es una. Los caminos son numerosos, las interpretaciones multivariadas, dependiendo de la educación, el temperamento, la naturaleza, la psicología y el contexto del que interpreta. El azúcar no deja de ser tal si se le denomina azúcar o sal. En verdad que en el camino espiritual lo más idóneo es empezar a recorrerlo sin supuestos previos, sin anteriores condicionamientos. Hay que ir a la búsqueda del bien supremo con la mente libre de prejuicios, en busca de esa percepción directa que haga posible la fisura hacia la Realidad.

RAMIRO CALLE

PRIMERA PARTE

El encuentro con el Sí-mismo

Ramana Maharshi de adolescente.

Se ha dicho de Ramana Maharshi que fue el punto más blanco sobre una página en blanco. Durante casi cincuenta años permaneció en el silencio, aunque contestaba a las preguntas que se le formulaban y escribía bellos poemas. Pero principalmente su enseñanza, su instrucción espiritual, fue no verbal. Se le preguntó en una ocasión por qué no viajaba por la India predicando a la gente, a lo que él contestó que era más poderosa la enseñanza a través del silencio. Él inquiría: «¿Qué es mejor, hablar ruidosamente sin conseguir ningún efecto o sentarse en silencio emanando fuerza intuitiva que puede influir tan favorablemente sobre los otros?». Por otro lado, ¿cómo surge la palabra? Primeramente hay conocimiento abstracto o no manifestado. Luego surge el ego que da lugar a pensamientos y palabras sucesivamente. Por lo tanto, del conocimiento abstracto se pasa al ego y del ego a los pensamientos y a las palabras. Así, las palabras son los biznietos de la fuente original. Y si las palabras pueden conseguir efecto, hay que considerar hasta qué punto puede ser más poderoso el silencio. La palabra *darsan* se puede traducir por punto de vista o camino de realización. De todos los *darsanas* (sendero de realización), el más poderoso es el del silencio. La transmisión por el silencio es la más sutil e importante, pero también la más difícil de recibir. Por ello, algunos han asegurado que es solo para los más avanzados espiritualmente o para los más sinceros, es decir, para aquellos que ya han eliminado de sus ojos mucho polvo de ignorancia.

Ramana es un término que significa amor radiante o amor solar. Toda la enseñanza de este sabio emana de lo más puro de su corazón, irradia de lo más hondo de su ser. *Advait* significa total, entero, indiviso. Es preferible no utilizar el término uno, porque necesariamente implica el dos, lo que puede crear confusión y una tendencia a la dualidad. El término *advaita* significa no-dos. Esotéricamente quiere decir el corazón o esencia de la verdad. El *advaita* invita a guardar silencio sobre lo que no puede ser dicho ni expresado. Ya sabemos que las palabras son parciales, insuficientes, pobres y muy limitadas cuando se proponen expresar la realidad. El silencio en cambio es total y se convierte así en un medio de comunicación para indicar lo que escapa a las palabras. El silencio se expresa por sí mismo y está más allá de la mente. No es dual.

Por su propia experiencia Ramana penetró y asumió la enseñanza del *Vedanta Advaita*, aquel que también hallase y propagase Sankaracharya. Cuando Ramana rescató la suprema experiencia de su ser, él no había estudiado ni investigado en la doctrina de Sankara. Por sí mismo llegó a esa experiencia que él saboreó como la no-dualidad. Esa experiencia suprema escapa a la mente ordinaria, está más allá de los opuestos. El intelecto es insuficiente para alcanzar la última realidad. El intelecto es como un péndulo oscilando del blanco al negro, del dulce al amargo, de la luz a la oscuridad. Pero la última realidad no sabe de conceptos. La última realidad asume los dos extremos y es la armonía misma. La última realidad es néctar y veneno, luz y oscuridad, *nirvana* y *samsara*. La última realidad es Sabiduría que encierra en sí misma conocimiento e ignorancia. Es el uno sin dos; es lo no nacido, lo inmanifestado. Tanto Sankara como Ramana insisten en que somos no-nacidos. El cuerpo nace, pero el Sí-mismo no es nacido. Por eso no puede alcanzarle el proceso muerte. Todo el sufrimiento surge por la convicción de que «yo he nacido», «este soy yo», «yo soy este cuerpo», «esto es mío». Pero cuando el Sí-mismo realiza su verdadera naturaleza, el ego se diluye y todo es apreciado como vacío, carente de sustancia, producto de la ignorancia, espejismos. El problema se resuelve. El problema nunca existió. La dualidad fue el resultado de la ignorancia. El emperador soñó que era un siervo. La mente creó una prisión donde no la había. La cuerda en la oscuridad puede parecer una serpiente venenosa y crear terror. Pero inspeccionada con una luz, la cuerda se presenta tal y como es, como siempre fue, y todo problema y todo temor desaparecen. El ser humano toma por el Sí-mismo lo que no es el Sí-mismo, desencadenándose así toda clase de identificaciones que originan miedo, venenos para la mente, limitación. Ese es el error fundamental, la ignorancia primordial. Se le preguntaba a veces a Ramana: «Si yo soy una ilusión, ¿quién es el que se deshace de la ilusión?». Ramana contestaba: «El yo se deshace de la ilusión del yo y, sin embargo, permanece yo». Tal es la paradoja de la autorrealización. Pero para los realizados no hay contradicción. Ya insiste Ramana en que no hay dos Sí-mismos; no hay uno que realiza al otro. Por eso, en sentido lato, hablar de autorrealización es un engaño o, mejor aún, una expresión de conveniencia, porque no se puede realizar lo que siempre ha estado realizado. Pero el ser humano está bajo el engaño de que el no Sí-mismo es el Sí-mismo y que lo irreal es lo real, y se requiere recurrir a otro «engaño» para evitar la mala costumbre que genera toda clase de dolor. Y así se habla de realización, cuando ya está realizado lo que se pretende realizar. El sol está tras los densos nubarrones. No hay que crear el sol; ni siquiera hay que situarlo. Solo hay que verlo. Quita las pantallas, quita los velos, quita las nubes y el sol interior, el Sí-mismo, se manifiesta como siempre fue. Solo tú creíste que él alguna vez fue esclavo y no monarca. ¿Quién está para realizar el Sí-mismo si no hay nada más allá del Sí-mismo o nada que no sea el Sí-mismo? Pero el individuo ve la realidad según su capacidad. La realidad es una y la misma, pero cambia la percepción del individuo. Todo depende del que ve, del que interpreta. Pero el Sí-mismo es uno, como quiera que sea percibido o interpretado. Aunque el diamante refleja todos los colores, él permanece incoloro. Lo necesario es ver bien. Cuando se ve bien, se ve la realidad. El fallo está en el que ve; lo visto es un diamante puro y eterno. La mente condicionada proyecta. Esas proyecciones son arbitrarias, equívocas. Pero más allá de los velos de la mente está el Ser puro y desnudo, inmaculado e inmanifestado.

Sankara decía: Brahmán es real; el universo es irreal; Brahmán es el universo. Hay algo de *koan zen* en la tercera proposición. Pero la contradicción solo es aparente. El universo no es aparte de Brahmán. Si se percibe como aparte, esa percepción es falsa e ilusoria. Pero si el universo se percibe como parte de Brahmán, la percepción es correcta. Los fenómenos no existen independientemente. Para Ramana solo existe el Sí-mismo. El Sí-mismo es lo único real. Lo demás son apariencias y conceptos. El problema consiste en no ver las cosas tal y como son. Darsan es un intento, un camino para ver. Yoga, Samkhya, Vedanta... vías para ver. Y eres un sabio verdadero si te conviertes en un verdadero testigo. La realidad es la misma la vea quien la vea. Ella no cambia; pueden cambiar las formas de interpretarla, expresarla, indicarla. Por eso son irrelevantes y bobas todas las polémicas sobre la última realidad, todos los afanes por definirla como el Todo, el Vacío, el Brahmán o el Sunyata. Para Ramana, la última realidad era el Sí-mismo; para el Buda, el Vacío. Dos expresiones para la misma Verdad. Esa Verdad puede ser interpretada en términos positivos, en términos negativos o en términos de yuxtaposición (ni esto ni aquello), pero, a decir verdad, lo mejor que se puede hacer a propósito de ella es guardar silencio. Ni todos los hindúes con su afán de mostrarla como el Todo permanente, ni todos los budistas en su otro afán de mostrarla como lo insustancial e impermanente, pueden expresar siquiera lejanamente esa Verdad. Puedes llamar al sol como te plazca, definirlo como quieras, pero es siempre el mismo Sol. Un niño, un científico, un poeta, un campesino, lo expresarán de maneras diferentes, pero ¿acaso él es distinto por ello? La vieja polémica entre los que creen en el atmán y los que no creen en él debería cesar. Hay muchas vías. Elige la que mejor se avenga contigo. Lo importante es si te conduce a tu cielo interior, al oasis más allá de la mente. Cuando te bañes en el oasis, llámalo como quieras o no lo llames de ninguna forma. Lo esencial es ver las cosas como son, no conjeturar sobre lo que no se ve tal y como es. Lo que vieron Lao Tse, Buda, Ramana, Mahavira y Sankara fue lo mismo. Pero cada uno se expresa según su manera de hacerlo, su cultura, el auditorio al que se dirige, su interpretación de la última realidad. Recuerda aquella historia que relata cómo el discípulo se acerca al maestro y se queja: «Maestro, si la verdad es una, ¿por qué hay tantas religiones, tantas doctrinas?». Y el maestro replica: «¿Cómo tantas? ¡Tan pocas! Cada hombre debe ser una religión, una enseñanza, una doctrina». Realidad es una, pero se expresa de tantas formas: una flor, un río, un relámpago... No hay diferentes grados de realidad; hay diferentes mentes, diferentes maneras de expresarse. La mente está sujeta a la ilusión, pero no el Sí-mismo. Desde el punto de vista no-dual también es ilusorio hablar de la ilusión. «El mundo es un fenómeno sobre el sustrato de una única realidad, que no es de ninguna manera afectada por la calidad ni por la cantidad de los fenómenos cambiantes. La realidad es solamente una. Para aquellos que no han realizado el Sí-mismo, así como para aquellos que lo han realizado, el mundo es igualmente real. Pero para los primeros la verdad se adapta a las formas del mundo, en tanto que para los últimos la verdad brilla como la percepción sin forma y el sustrato del mundo.»

¿Cómo puede la realidad llegar a ser más real de lo que es? Desde un punto de vista dual, algo debe realizarse, alcanzarse, obtenerse, pero no es así desde un enfoque no-dual. ¿Cómo podemos llegar a ser lo que ya somos? Ahí está la paradoja. Intentamos ganar la libertad que ya tenemos. La cuestión fundamental es *ver*. La Sabiduría es ver. La máxima atadura surge al pensar que hay una atadura. El pensamiento mismo es un gran problema. Más allá del pensamiento no hay dualidad, no hay conflicto. Más allá de la mente ordinaria está la paz, la calma profunda. Más allá del pensamiento descontrolado está el gozo profundo. El *samadhi* surge cuando hay ausencia de pensamiento, de deseo, de tiempo. Más allá de las vicisitudes del ego, florece el *samadhi* que proporciona la percepción de la última realidad desnuda. Y para Ramana la misma mente que provoca los pensamientos es el ego. Pero el hombre confunde, por ignorancia, el ego con el Sí-mismo. Pero si el ego se disuelve, el Sí-mismo se presenta. Pierdes el ego y ganas el Sí-mismo. Te despojas de la mente y el Sí-mismo se presenta tal y como es, como siempre fue. La iluminación es el proceso que funde la mente. Sin el pensamiento ya no habrá falsas interpretaciones, visiones falseadas. La verdad reluce por sí misma. Siempre estuvo allí; era nuestra mente la incapacitada para atraparla. La mente ordinaria no puede percibirla; la consciencia, sí. La mente ordinaria se interesa por lo superfluo, solo percibe débiles reflejos de la verdad, divide y fracciona, está incapacitada para captar la verdad en su totalidad. La consciencia es diferente, puede entrenarse en alto grado. La consciencia es el espejo capaz de permitir la reflexión del Ser. Morir para renacer es dar la espalda al ego para mirar al Sí-mismo. Es abandonar el vagón de la mente ordinaria y tomar el de la consciencia. Morir para renacer es despojarte de las ilusiones y encararte con la realidad. La realidad es tu ser. Deja de comportarte como el pez que preguntaba a la tortuga qué era el agua; esa agua en que había nacido y en la que vivía. Deja de actuar como el pastor que llevaba la oveja sobre sus hombros y se preguntaba incesantemente por su paradero. Deja de estar ciego como el hombre que escribía desesperadamente a sus amigos pidiéndoles un trozo de madera de sándalo y lo hacía con un lápiz de sándalo. Todo lo que no es el ser es irrelevante. Te interesará la siguiente historia:

«Un hombre se perdió en el desierto. Estaba a punto de perecer de sed cuando aparecieron algunas mujeres en una caravana. El hombre reclamó ayuda; pidió urgentemente de beber. Las mujeres lo rodearon y empezaron a preguntarle cómo quería él que le sirviesen el agua. ¿Prefería que fuese en una copa de cristal o en una taza? ¿En un recipiente de oro o de plata? ¿Tal vez en una jarra? Ellas hablaban y hablaban interesándose por el objeto, pero el hombre solo se interesaba por el agua, y todo lo demás en ese crítico momento le resultaba trivial e irrelevante».

El agua es el Sí-mismo. Deberíamos tener la misma ansiedad de Sí-mismo que ese hombre del agua. Todo lo que no sea el Sí-mismo es irrelevante, trivial, meras formas, meros espejismos. Pero confundimos las imágenes con el espejo. El gozo, la satisfacción, el agua, están en el Sí-mismo, pero nos preocupamos por las exterioridades, lo banal. Así el ser humano provoca, con su incapacidad de aproximación a la realidad, mucho dolor innecesario. El dolor está en el pensamiento descontrolado. A través de ese sufrimiento el hombre crea dolores sin fin a los otros hombres. La fiesta está en la consciencia pura. Hállala y la compartirás con todos los demás. El pensamiento dual es oscuridad; la consciencia en su unidad es luz. El verdadero amor es el resultado de la consciencia, de la más penetrante inteligencia. Saraha dice: «Cuando el sol del sufrimiento se apaga, sobreviene esta paz, señor de las tranquilas estrellas, esta paz de la creación, este lugar incoloro donde gira el mandala». Ese lugar incoloro es el centro, es el Ser. Está más allá de la afirmación-negación ordinarias. La gota se funde en el océano, el océano se funde en la gota. Al perder la individualidad, ganamos la universalidad. Si hallas dentro de ti mismo la fiesta más agradable, ¿buscarás otra fiesta fuera de ti mismo? Las respuestas están dentro de ti. Pon las condiciones para que puedan surgir. Aplica la consciencia a tu interior. Busca el testigo de la mente. Ve más allá de las distracciones de tu centro mental y espera. Cuando le preguntaron a Ramana cuál era el mejor asana, repuso: «La unidireccionalidad de la mente». La mente canalizada hacia el Ser. La mente más allá de la dispersión, hacia su profundidad, donde todo es calma profunda, y no hacia la superficie, donde todo es frenético oleaje. La mente serena permite la explosión de conocimiento. Los pensamientos, en cambio, son la puerta hacia la identificación y, por tanto, hacia la esclavitud. La identificación con el cuerpo, la mente, las emociones, el nombre, la forma, originan cautiverio y dolor. Porque estás identificado con todo ello no estás identificado con tu Sí-mismo. Te has alejado de tu fuente, te has dividido, has alimentado la esquizofrenia, te has descentrado. Has ganado el pensamiento «yo», pero has perdido la luz del Sí-mismo; has hecho un mal negocio: has cambiado el paraíso por el infierno. Es un sabio quien recupera su paraíso interior, quien regresa a su fuente. Eso requiere una muerte dolorosa: la del ego; es decir, la de la mente ordinaria, pero el alcohólico no quiere oír hablar de la desaparición de la botella que lo esclaviza. El prisionero ha hallado una ficticia seguridad tras las rejas de su celda. El ego es la prisión; el Ser es el jardín donde todo florece con hermosura incomparable. Más allá de la nube de pensamientos que es la mente está el cielo límpido y transparente. El pensamiento es un intermediario. Es útil para hacer muchas cosas diarias, pero está incapacitado para *ser*. El pensamiento hace, pero no *es*. Si tú haces pero no eres, estás lavando manchas de sangre con sangre. Si tú haces antes de ser, es como el que tiene una vela, pero no tiene fuego para encenderla. Si tú estás en el hacer, pero te has olvidado del ser, te estás dando la espalda a ti mismo y corres hacia la desintegración y el dolor. El pensamiento es solo útil en su justo lugar. Es un medio, pero no un fin. Debería ser el siervo, pero no el dueño. El Sí-mismo te proporciona la dicha que nunca te podrá procurar el hacer, pero estamos buscando la satisfacción en la actividad, sin comprender que solo es posible como tal en el ser. Una mente llena de pensamientos y deseos incontrolados solo se preocupa de hacer. Pero una mente suficientemente purificada ya empieza a volverse hacia el ser. La mente burda puede clarificarse y hacerse sutil a través de la meditación y los altos ideales de desarrollo interior. Así se allana el camino hacia el ser y el aspirante encuentra dentro de sí mismo su propio Ganges. En ese Ganges, como decía Ramana, es en el que hay que efectuar las abluciones espirituales. Él, a diferencia del Ganges exterior, no te hará temblar. Ramana nos invitaba constantemente a buscar la fuente original. Los ritos y las escrituras son un recuerdo para ir hacia la fuente original. Buscamos la felicidad donde no está. La mente, por falta del control necesario, nos lleva hacia el desierto y no nos deja intuir el oasis. Escuchamos al médico prescribiéndonos sabias medicinas, pero no las ingerimos. Ramana era un médico incomparable, como Buda, como Lao Tse, como Tilopa.

Aunque Ramana respetaba todos los sistemas de autorrealización, todas las técnicas yóguicas, consideraba la más importante aquella que consiste en la indagación directa del Sí-mismo. Sabía que todos los medios espirituales son útiles, pero tenía por el más importante aquel que consiste en la investigación del Sí-mismo, que permite la superación y abolición del ego. La verdad siempre está presente, y lo que el aspirante debe hacer es realizar lo que ya es. No conseguirá algo que antes estuviera ausente; verá y percibirá lo que desde siempre estaba presente. Ramana insistía en la autoaveriguación, la implacable indagación del propio ser. La búsqueda incansable del testigo, del observador. Se requiere un esfuerzo consciente y deliberado para aproximarse al ser. Una vez obtenido el ser, todo es paz y sin esfuerzo. Pero se requiere un esfuerzo excepcional para hallar el no-esfuerzo. La meditación representa un trabajo con frecuencia penoso.

Hay que quebrar las asfixiantes estructuras de la mente; romper las cadenas del yo. Los atavismos de la mente se resolverán con tesón porque les va en ello la vida. Meditación es limpiar la mente, pero el polvo de la mente no quiere ser limpiado. Meditación es refrenar el pensamiento para que la consciencia pueda reflejar el Sí-mismo, pero el pensamiento quiere seguir funcionando para sostener el edificio del ego. La mente es hábil y ladina. Conoce toda clase de resortes para liberarse de cualquier dominio, pero la inteligencia y la vigilancia pueden someterla, hacerla capitular. La meditación impone una batalla sin cuartel. La persecución de la mente es larga. No se controla la mente de manera gratuita. Ramana enfatizaba la necesidad del esfuerzo, de la perseverancia. Solo en la extremidad del esfuerzo aparece el esfuerzo sin esfuerzo. Los maestros que invitan al no-esfuerzo están ocultando la realidad. Los maestros serios saben y enseñan que para alcanzar el jardín en el que todo florece sin esfuerzo, hay que trabajar mucho con anterioridad. Si el esfuerzo es parcial, el logro será parcial. Solo el esfuerzo total conduce al logro total. El no-esfuerzo predicado por algunos maestros no conduce a ninguna parte, o peor aún, conduce a la parte de dolor y oscuridad en la que uno ya se halla. Esfuerzo verdadero es un acto de lucidez, consciencia, voluntad. Esfuerzo verdadero no es compulsividad ni represión, es la aplicación rigurosa a la búsqueda del propio ser. Pero lo que verdaderamente cuenta son las actitudes internas y no los externalismos. La renuncia verdadera es al «yo», a lo «mío», a las actitudes egocéntricas. Renuncia a tu mente: esa es la gran renuncia, la gran abdicación. Y en cualquier parte es posible renunciar a esa pertenencia, dondequiera que vivas, dondequiera que estés. La renuncia no es embadurnarte de ceniza ni ponerte la túnica anaranjada, la renuncia es interior. Para Ramana lo esencial era la investigación en la naturaleza real, la prosecución imparable en la indagación «¿Quién soy yo?». Si necesitas retirarte del mundo, adelante. Si necesitas quedarte en el mundo, adelante. Puedes ser un sanyasin en cualquier parte. La *sanyasia* (renuncia) es interior. Seas laico, monje o sanyasin, lo importante es la búsqueda de la fuente interior. Los peores obstáculos son los mentales; elige el camino que te ayude a superarlos. Si es la soledad, bien. Si es la compañía, bien. Si prefieres el bosque, no lo dudes; si el mercado, no lo dudes. En cualquier lugar puedes indagarte y hacer el esfuerzo. Sin autoengaños, elige si puedes tus mejores circunstancias. La autoinvestigación puede llevarse a cabo en cualquier lugar. Lo importante es la actitud de tu mente, es si puedes tener las manos en la sociedad y la mente aplicada a tu Sí-mismo. Lo importante, en suma, es que la actividad no te aparte del ser. Juega sin identificarte, como el jugador que lo hace con dinero ajeno. La identificación frustra toda experiencia del ser, es el resultado de la negligencia. La identificación te hace dormir. Deshazte de tu ego y vive en tu Sí-mismo. El ego te roba todo lo que el Sí-mismo quiere darte. El ego se empeña en convertir en hiel la miel del Sí-mismo, pero los esfuerzos sinceros conducen al jardín interior.

La mente es amiga o enemiga, te libera o te esclaviza, te conduce al paraíso o al infierno. Como dice Sankara: «Una nube es traída por el viento, y por el viento se disipa nuevamente. Por la mente se origina la esclavitud y por la mente se origina la liberación». Es necesario por ello activar y purificar al máximo el discernimiento, para aprender a distinguir entre lo eterno y lo perecedero, lo puro y lo impuro, el Yo y el ego. La ignorancia anega la mente; quita la ignorancia y tu mente refleja el sol interior. La ignorancia nos induce a identificarnos con las vestiduras: cuerpo, mente, emociones, nombre, forma. Ellos son los velos que impiden la captación suprema; confundimos las vestiduras con el Sí-mismo, como el caminante que confunde la sombra con su cuerpo. Pero el Sí-mismo es el único inmutable, permanente, testigo inafectado, observador imperturbable. Reside más allá de la mente, desapegado y quieto. Los procesos psicofísicos surgen, se desarrollan y desaparecen, pero aquel permanece. Es como la playa: las olas vienen, se demoran, se marchan, pero la playa permanece. Más allá de todo lo sensorial y de todo lo intelectual, está aquel siempre presente. La ignorancia fundamental nos hace creernos esclavos, pero aquel siempre es libre, monarca, soberano. El intelecto divide, pero aquel es uno en la unidad. Y cuando se percibe aquel como tal uno, surge la Liberación. La Sabiduría es esa percepción. Esa es la Sabiduría más alta, aquella que disipa para siempre la oscuridad y te hace saltar fuera de la Rueda. La ignorancia es el yugo que origina apegos, confusión, venenos mentales, pensar equivocado, proclividad hacia lo falso y banal.

Como dice Sankara, «mirando el brillo del sol reflejado en el agua de una vasija, aquel que está engañado cree que es el sol; de este modo, la consciencia reflejada que aparece bajo un disfraz es considerada por aquel que está engañado sin esperanza como el "Yo"». Conocemos el ego, pero ignoramos el Yo o Sí-mismo. La mente, enredada en todos los procesos mentales automáticos, alimenta el ego y evade el Sí-mismo. Y no obstante, el aspirante debe aplicarse a su Sí-mismo más allá de su ego y de toda manifestación dual. ¿Quién soy yo? Ramana Maharshi insistía una y otra vez en esa indagación. Aprobaba todos los métodos yóguicos, pero en último lugar siempre invitaba al *vichara* o autoaveriguación, a descubrir el testigo de la mente, el ser más allá del ego. Para ello no solo es necesario el fuerte ánimo de una actitud de continua indagación, de incesante autobúsqueda, sino asimismo adiestrarse en el desapego y desidentificarse de la acción, tomando consciencia de que una parte de nosotros es la no ejecutante y que permanece más allá de todo cambio. Es el testigo sin ataduras, aquel que por su propia naturaleza se sitúa más allá del deseo, la acción, la imaginación y el egoísmo. El discernimiento yóguico (libre de cualquier condicionamiento, de engaño, de dualidad) es la antorcha en el Sendero. Ese discernimiento, despertado por un Gnana-Yoga implacable, que es capaz de discernir entre lo real y lo ilusorio, sin dejarse implicar en las redes de la dinámica intelectual, penetrante visión capacitada para ver las cosas tal y como son, que apunta hacia lo genuino, que reside en nosotros y no se deja engañar por los disfraces. Entonces el yogui realiza: «No soy el actor ni el que causa las acciones; no soy ni el que goza, ni el que provoca el goce; no soy ni el que ve, ni el que da la vista. Soy el Yo inigualado, luminoso por sí mismo» (Sankara). Y para el que realiza su Yo, toda sombra de dolor se ha disipado, sobreviene la comprensión profunda que brilla más que mil soles y que inunda la mente quieta de certidumbre. Es un sabio aquel que se sumerge en su Sí-mismo; para él toda identificación ha sido quebrada. Desde su Sí-mismo es como quien permanece en la cima sin que nada le concierna de lo que sucede en el valle o como quien despierta de una amarga pesadilla para siempre. Mediante el cultivo de las perfecciones y la verdadera modalidad, a través del autodominio y la mente alerta, mediante la aplicación al Sí-mismo y a continuación la autoindagación, refrenando la mente inquieta y desconfiando de las apariencias, combatiendo toda identificación y estimulando el ideal de Realización, el yogui va poniendo las condiciones para percibir su Sí-mismo, como aquel que pacientemente va excavando en el muro para hallar un rayo de luz. La consciencia, esa capacidad de percepción que puede desarrollarse en alto grado, pura y vacía de cualquier contenido, refleja al Sí-mismo como las aguas del lago reflejan la luna en la noche. Ese despertar a la realidad, emergiendo para siempre de las apariencias, es el momento supremo en el que el individuo realiza lo que nunca ha dejado de ser y percibe la vida cotidiana como un sueño similar a sus sueños de cada noche. Él ha despertado, ha ganado su Sí-mismo, ha tomado la medicina y la medicina ha hecho su efecto.

Para el que tiene ego, como indicaba Ramana, el esfuerzo es necesario, pero para el que lo ha trascendido, el esfuerzo cede a la verdadera espontaneidad. Esa gloriosa espontaneidad del hombre realizado, en el mundo, pero sin ser del mundo, de todos y de nadie, establecido en esa Realidad Única fuera de la cual todo es fantasía y dolor.

SEGUNDA PARTE

Ramana Maharshi: Un místico de la espiritualidad

1

La visión del mundo interior

RAMANA MAHARSHI nació el 31 de diciembre de 1879 en una pequeña aldea de unas quinientas casas próxima a Madura, en la zona meridional de la India. Sus padres se llamaban Sundaram Ayyar y Alagammal. El nacimiento del niño fue acogido con entusiasmo y alegría.

La familia en donde nació Venkataraman, que así se llamaba el Maharshi, gozaba de cierto prestigio, aunque de escasa influencia. Tanto el padre como la madre de Venkataraman eran personas afables y bondadosas, respetadas por quienes los conocían. Sundaram Ayyar había comenzado trabajando como escribiente, pero con el tiempo se mereció el privilegio de practicar como abogado rural, a pesar de no estar diplomado. Era un hombre paciente y de férrea voluntad, recto de espíritu y amante de la justicia. Como abogado mejoró en gran medida su situación económica y así le fue posible construir una casa, si no suntuosa, sí al menos amplia y acogedora. Alagammal, por su parte, era una mujer hogareña, siempre sacrificada por el bienestar de sus hijos.

En la familia de Ayyar se habían dado dos casos de *renunciamiento*. Un tío de Ayyar y su hermano mayor se alejaron del mundo para convertirse en sanyasin. El tercer paso, aunque nada de momento podía denotarlo, sería el de Venkataraman, que con el transcurso del tiempo se constituiría en uno de los más célebres sanyasin y en el más importante guía espiritual del sur de la India.

Durante los primeros años de su vida, Venkataraman fue un adolescente absolutamente normal, sin otras inquietudes que las lógicas de los muchachos de su edad. Era feliz y desenvuelto en medio de sus padres y de su hermano mayor, Nagaswami. La familia, posteriormente, se vería enriquecida con dos nuevos miembros: un niño, Nagasundaram, y una niña, Alamelu.

Venkataraman era dispuesto y saludable, amante de los juegos infantiles y de la gimnasia, un tanto desapegado de los estudios y carente de toda inclinación de naturaleza espiritual, si bien le habían afectado gratamente la vida de los sesenta y tres santos sivaitas y la *Vida de Kabir*, libros que despertaron en él por primera vez, aunque de forma muy ambigua, el deseo de retirarse en busca de su propio Yo.

Tenía Venkataraman doce años cuando hubo de enfrentarse por vez primera, de frente, con el extraño y sobrecogedor fenómeno de la muerte. Había muerto su padre, el voluntarioso Sundaram Ayyar, y los hermanos fueron enviados a vivir en compañía de Subbier, su tío, que vivía en Madura.

Entra el muchacho a recibir instrucción escolar en la Scott's Middle School, de Madura, y más adelante a la American Mission High School, en donde tiene oportunidad de practicar de buen grado los más variados deportes. Destacaba Venkataraman por su fiel memoria y su aguda penetración intelectual, sin que hubiese otro dato capaz de indicar que con los años se convertiría en uno de los más grandes místicos que la humanidad haya conocida.

Cuando Venkataraman escuchó por primera vez el nombre de Arunachala, se sintió estremecido. Un anciano le comentó algunos detalles acerca de la colina sagrada y el niño se sintió cautivado por el maravilloso lugar del que le hablaban. Quiso, ávido de conocimiento, saber más sobre Arunachala, y el anciano no tuvo inconveniente en referirse con toda clase de detalles al santo sitio. Después de este singular suceso, que se desarrollaba en el 1895, Venkataraman ya no volvería a ser el mismo. Arunachala, desde la distancia, parecía reclamarlo con peculiar vehemencia. El joven había quedado impresionado ante el relato del anciano y la savia espiritual comenzaba a bullir en su interior. Venkataraman se hallaba en el umbral del autoconocimiento; ni el deporte ni los estudios serían ya capaces de captar su atención. Únicamente había algo verdaderamente trascendental para él: Arunachala; y con ella, la propia realización, el conocimiento del Yo, la *liberación*. En cuestión de días el adolescente había madurado, se había hecho serio e introvertido, extrañamente retraído.

No mucho después, una importante experiencia cambiaría por completo la personalidad de Venkataraman y le permitiría entrar en contacto con su mundo interior. Estaba solo en su habitación, cuando de repente creyó que la muerte llegaba para él y se sintió aterrorizado. Psicológicamente hablando, una crisis de índole hipocondríaca por la que muchos místicos orientales y occidentales han pasado. El Maharshi explicó:

«Unas seis semanas antes de abandonar Madura ocurrió el gran cambio en mi vida. Fue algo súbito. Estaba sentado solo en una habitación de la primera planta de la casa de mi tío. Rara vez me sentía enfermo y aquel día no me aquejaba ninguna dolencia física, y sí solamente un violento miedo a morir se apoderó de mí. No había nada en mi estado físico a que pudiera atribuir estos temores y tampoco traté de hallar una razón a los mismos. Me dije "voy a morir", y empecé a pensar qué era lo que debía hacer. No se me ocurrió un solo momento consultar a un médico o a mis mayores o amigos; tenía pleno conocimiento de que había de resolver aquel problema por mí mismo, allí y en aquel momento.

»La conmoción del miedo a morir hizo que fijara mi mirada en mi interior y me dije mentalmente, sin formular las palabras: "Ha llegado la muerte, ¿qué significa esto? ¿Qué es morir? Este cuerpo muere". Y, al instante, escenifique el acto de morir. Estaba tumbado con los miembros estirados como si estuvieran ya en el rigor mortis e imitaba un cadáver con el fin de dar una mayor realidad a mi pregunta. Contuve la respiración y apreté fuertemente los labios para que no pudiera escapar un solo sonido a través de los mismos, con el fin de no poder pronunciar la palabra Yo ni ninguna otra. "Bien, este cuerpo ha muerto", me dije. "Lo quemarán y lo convertirán en cenizas. ¿Pero acaso he muerto yo con la muerte de mi cuerpo? ¿Acaso este cuerpo soy yo? Está silencioso e inerte, pero noto toda la fuerza de mi personalidad e incluso la voz del yo dentro de mí mismo, fuera de mí. De modo que soy un Espíritu que trasciende el cuerpo. El cuerpo muere, pero el Espíritu que trasciende no puede ser alcanzado por la muerte. Esto quiere decir que soy un espíritu inmortal." No era un sueño, vibraba en mí como una verdad viva y tangible, algo que percibía de un modo directo, incluso sin pensar en ello. Yo era algo muy real, lo único real en el estado en que me encontraba, y todas mis actividades conscientes relacionadas con mi cuerpo se centraban en aquel Yo. A partir de aquel momento, el Yo centraba toda la atención gracias a una poderosa fascinación. El miedo a la muerte se había esfumado casi de un modo instantáneo. La absorción en el Yo continuó ininterrumpida desde aquel momento. Se presentaban otros pensamientos que volvían a alejarse, como unas notas musicales, pero el Yo continuaba como la nota strudi fundamental confundiéndose con todas las restantes notas. Tanto si el cuerpo se dedicaba a pensar, leer o lo que fuere, yo quedaba centrado en el Yo. Antes de esta crisis no había tenido una percepción clara de mi Yo y no me había sentido atraído de un modo consciente hacia él. No había experimentado ningún interés perceptible o directo en el Yo, y mucho menos una inclinación por establecerme de un modo permanente en el mí mismo».

Después de tan curioso fenómeno, Venkataraman ya nunca volvería a ser el mismo. El joven se había realizado, había encontrado el Yo, había quebrado las cadenas de la ilusión (*maya*) y se había liberado en vida (*jivanmukta*). Lo importante del fenómeno en sí no es el hecho de que Ramana se hubiese visto acosado por una experiencia de este tipo (crisis hipocondríaca), sino que gozase del poder suficiente de soportarla y dominarla, de hacer de ello un valioso vehículo para encontrarse a sí mismo y centrarse en la verdad trascendental. Ramana Maharshi estaba en vías de obtener el ansiado *samadhi*, por lo que es ahora el momento oportuno para que hagamos un paréntesis y expliquemos al lector qué se entiende por este término.

El *samadhi* es sinónimo de iluminación espiritual. Es la obtención de aquel estado mediante el cual el individuo se libera definitivamente. En mi obra *Yoga, refugio y esperanza,* tuve ocasión de escribir:

«Es aquel estado en el que la conciencia evoluciona hasta su máximo, no pudiéndose ya hablar de un estado de conciencia normal, sino en todo caso de consciencia superior o "supranormal". En tal estado de supraconciencia ya no cabe el juego de los pares de opuestos (frío-calor); toda relatividad ha sido trascendida y el ser, completamente unificado, puede gozar del estado "absoluto". Es un estado más allá de la razón, que nos permite adquirir un conocimiento muy por encima del intelectivo.»

Un famoso texto, el *Hatha-yoga Pradipika*, explica:

«Tal como la sal, que se disuelve en el agua haciéndose uno con ella, el espíritu (principio superior) y la mente se hacen uno y esto representa el *samadhi*. Cuando el prana se sublimiza y la mente se ensimisma, este estado se llama *samadhi*. Esta igualdad entre el Yo y el ultra-yo, en la que quedan anulados todos los procesos mentales, se denomina *samadhi*.»

Pero el *samadhi*, además de ser un estado muy superior de conciencia, lleva consigo el agradable hecho, para el oriental, de liberarse mediante él de la rueda inexorable de continuos nacimientos y muertes. El hindú cree en la reencarnación, y para evadirse a ella únicamente existe un camino: la obtención del *samadhi*, de la liberación. No es fácil explicar lo que representa la experiencia liberadora para el indio. No obstante, creo haberlo reflejado bastante correctamente en mi obra *Teoría y técnica del Yoga*. Permítaseme que transcriba el siguiente párrafo:

«Todos los esfuerzos del practicante están encaminados a la "liberación". Para el indio, liberarse implica: protegerse definitivamente contra el dolor, vencer en la protesta, superar la condición humana, agotar el karma, no reencarnar, ser hombre-dios. Liberarse es viajar más allá del espacio y del tiempo (penetración en el plano transespacial y transtemporal), eliminar las corrientes psicomentales, quebrar toda suerte de determinismo, agudizar hasta su límite las facultades mentales; en definitiva, ser hombre-dios. Liberarse es llegar a la conciencia de lo real, sumergirse en la verdadera corriente espiritual, alumbrar un nuevo ser que es uno mismo y, sin embargo, no "era", conseguir la deflagración de los principios impuestos, traspasar las barreras establecidas por el hombre o por la naturaleza, rechazar el plano relativo, descansar en lo intemporal; una vez más, ser hombre-dios. Liberarse es captar intuitivamente, sentir a voluntad, no ver jamás alterada la paz, trascender todo formulismo, ver a través de los propios ojos y no mediante los ojos de los demás, ser dueño de una conciencia (supra conciencia) no-afectada, estable, no-diferenciada, total; en pocas palabras, tutear a Dios.»

El Ramana Maharshi estaba pronto a liberarse, a encontrar el Yo. Mediante este primer éxtasis espiritual, el más trascendental de su larga vida, había comprendido que toda la labor interna del hombre debe centrarse sobre el conocimiento del propio Sí-mismo, y sería esta la instrucción espiritual que siempre impartiría a sus discípulos. ¡Algo tan simple y tan difícil!: el conocimiento del Yo. Ramana Maharshi le concedía muy poca importancia a las diversas prácticas yoguis, si bien estimaba que algunos de sus ejercicios mentales no eran estériles del todo. Explicó:

«El control de la respiración es también una ayuda. Es uno de los varios métodos previstos para ayudarnos a obtener una mayor seguridad. El control de la respiración puede ayudar igualmente a controlar la mente vagabunda y alcanzar una mayor seguridad y, por lo tanto, puede ser ejercitado. Pero no debemos detenernos aquí. Después de obtener el control de la mente por medio de los ejercicios respiratorios no debemos contentarnos con una experiencia que pueda basarse en ellos, sino que debemos dirigir a la mente controlada la pregunta: "¿Quién soy yo?", hasta que la mente se sumerja en el Yo.»

Existe un adagio que dice más o menos: «Todas las laderas de la montaña conducen a la cima de esta.» El Maharshi sabía esta verdad y respetaba todos los sistemas, siempre que estos estuviesen encaminados al conocimiento del Sí-mismo. Ramana Maharshi era un yogui de la espiritualidad, de la realización personal, del camino interior. Tras su singular experiencia mística había recorrido este camino y se encontraba en óptimas condiciones para mostrárselo a los demás. Pero para Venkataraman todavía quedaban años duros y difíciles, meses y meses de meditación e interiorización, de búsqueda espiritual. Sin embargo, lo principal había sido conseguido: se había familiarizado consigo mismo.

«Las consecuencias de este nuevo saber —explica— fueron observadas muy pronto en mi vida. En primer lugar, perdí el poco interés que tenía en mis relaciones externas con mis amigos y familiares y me dediqué de un modo mecánico a mis estudios. Solía sostener un libro abierto delante de mí para que mis familiares creyeran que estaba leyendo cuando, en realidad, mi intención estaba muy lejos de aquellas cuestiones. En mis relaciones con la gente me convertí en un hombre débil y sumiso.» Antes, cuando me daban más trabajo que a otros, me quejaba, y si alguien me molestaba, lo desafiaba. Pero ahora ninguno de ellos se atrevía a hacerme bromas ni a tomarse ninguna clase de libertades. Todo había cambiado. Fuese cual fuese el trabajo que me encargaran, lo hacía sin quejarme y en silencio. El antiguo ego que siempre estaba resentido y dispuesto al reto, había desaparecido. Dejé de salir a jugar con los amigos y busqué la soledad. A menudo me sentaba solo, por lo general en una posición lo más apropiada para la meditación, y me absorbía en el Yo, en el Espíritu, aquella fuerza o corriente que constituía mi ser. Y seguía en mis meditaciones a pesar de los gritos de mis hermanos menores que sarcásticamente me llamaban el «sabio» o «yogui» y que me aconsejaban que me retirara a la jungla como hacían los antiguos rishis.

«Otro cambio fue que no sentía ya ninguna preferencia o aversión por ninguna clase de alimento. Fuere lo que fuere aquello que me dieran, tanto si era sabroso como insípido, bueno o malo, lo ingería con suma indiferencia.»

Y continúa diciendo el Maharshi:

«Una de las características de mi nuevo estado fue mi cambio de actitud en lo que se refiere al templo de Minakshi. Antaño solía ir en compañía de mis amigos para contemplar las imágenes y untar mis cejas con las cenizas sagradas y el vermellón y regresaba a casa sin haber experimentado casi la menor devoción. Pero después del Despertar fui allí casi todas las noches. Solía ir solo y permanecer inmóvil durante largo rato ante la imagen de Siva o Minakshi o Nataraja y los sesenta y tres santos, y entonces profundas olas de emoción se apoderaban de mí. El alma había escapado de su esclavitud al cuerpo desde que renuncié a la idea de "Yo-soy-el-cuerpo" y buscaba un fundamento; de aquí mis frecuentes visitas al templo y las lágrimas que se agolpaban en mis ojos. Era el juego de Dios con el alma. Me plantaba frente a Iswara, que controla el universo y los destinos de todos, el Omnisciente y Omnipresente, y a veces rogaba que su Gracia me iluminara para que mi devoción fuera más intensa y perpetua, como la de los sesenta y tres santos. Pero no siempre oraba, sino que permanecía sumido en un profundo silencio. Las lágrimas, que eran la señal externa de mis emociones, no me proporcionaban un dolor o pena particular. No era un pesimista, nada sabía de la vida y no sabía aún que estaba llena de dolor. No me sentía instigado por ningún deseo de evitar la reencarnación o buscar la Liberación o incluso obtener la salvación. No había leído otros libros exceptos los *Periapuranam*, la Biblia y algunos capítulos de *Tayumanavar* o *Tevaram*. Mi concepto de Iswara era similar al que había encontrado en los *Puranas*; jamás había oído hablar de Brahman, samsara, etc. No sabía todavía que existía una Esencia o Verdad Impersonal y que yo era idéntico con ambas. Más tarde, en Tiruvannamalai, mientras escuchaba la lectura del *Ribhu-Gita* y otros libros sagrados, aprendí todo esto y descubrí que los libros analizaban y daban nombre a todo aquello que yo sentía intuitivamente sin análisis y sin conocer su nombre. En el lenguaje de los libros describiría el estado en que me encontraba después de haber despertado como Suddha Manas o Vijnana o la intuición de los Iluminados.»

Como es fácil deducir, Venkataraman, tras la visión de su mundo interior, había cambiado casi por completo de forma de ser. Había perdido todo interés por el mundo circundante, se había desapegado, obtenido un estado incoloro mental en donde lo mundano ya no encuentra cabida. Tal era entonces Venkataraman, casi un niño por su edad, pero dueño de una madurez espiritual que muy pocos hombres consiguen a lo largo de toda su vida.

La familia de Venkataraman no dejó de extrañarse ante el peculiar cambio anímico del joven, ante una metamorfosis que difícilmente comprendían o aceptaban.

Pasaron las semanas. Para desaliento y desesperación del hermano de Venkataraman y de su tío, el muchacho no volvía a su antiguo estado de ánimo. Se sentían confusos y un poco malhumorados, puesto que Venkataraman no mostraba el menor interés por sus estudios ni por su porvenir. El 29 de agosto, aproximadamente dos meses después de su profunda experiencia liberatoria, un insignificante detalle iba a provocar una definitiva decisión por parte de Venkataraman: abandonar su ambiente, convertirse en sanyasin (renunciante) y centrar sus energías sobre su propio yo.

Su hermano mayor, molesto ante la indolencia de Venkataraman por los estudios, con tono de crítica, le dijo, al verlo meditando:

—¿De qué te sirve todo esto?

Su hermano tenía razón. Había que elegir forzosamente uno u otro camino; no era posible permanecer entre dos aguas. La vida ya no interesaba a Venkataraman; así pues, únicamente quedaba un camino: ¡renunciar! ¿Adónde podría ir el joven? A ningún sitio mejor que a su amada Arunachala, la Montaña Sagrada que se había filtrado poderosamente en su alma y le hacía añorarla. Tan solo había un grave inconveniente: no contaba con medios para el proyectado viaje. Pero la fortuna quiso que su hermano, aun sin proponérselo, le facilitase los fondos para el viaje, al encargarle:

—Toma cinco rupias de la caja que hay en la planta baja y paga mis honorarios en la escuela.

Venkataraman desciende a la planta baja, coge el dinero de su tía y observa en un atlas la ubicación de Tiruvannamalai. Tras calcular que con la cantidad de tres rupias podrá realizar el ansiado viaje, deja las dos restantes rupias y escribe una nota al hermano:

«Tal como él me lo ha ordenado, voy en busca de mi Padre. Me he embarcado en una virtuosa empresa, por lo que nadie debe llorar este acto ni gastar dinero en mi búsqueda. No he pagado tus honorarios en la escuela. Te dejo dos rupias.»

Y Venkataraman da comienzo a la empresa espiritual que le absorbe toda su atención. Al mediodía abandona a su familia y se dirige a la estación. Ramana Maharshi va en busca de su propio Yo. La alegría inunda su joven corazón. Dios lo está esperando y él quiere estrechar su mano.

2

Por el sendero del Yo

Feliz, LLENO DE GOZO, satisfecho consigo mismo, con la ilusión del hombre que se ha sumergido en los abismos más recónditos de su propio ser, el joven Venkataraman recorrió el corto trecho que había de su hogar a la estación, en donde tomaría el tren que lo llevaría a nuevas tierras. Compró un billete para Tindivanam, que le costó aproximadamente dos rupias y trece annas, y se instaló en un departamento de tercera clase, ensimismado, absorto en sus propios pensamientos. Pronto, apenas recorridos unos kilómetros, entró en éxtasis. Cuando el día declinaba, tuvo hambre y la satisfizo mediante dos peras que adquirió por media anna. De madrugada, finalizado su trayecto, se informó sobre Tiruvannamalai, y así, al día siguiente, tomó de nuevo el tren en dirección a Mambalapattu. Desde allí, sin desfallecer, comenzó a caminar y llegó a los alrededores del templo de Araynanninallur, cuya singular edificación se levantaba sobre una inmensa roca. Venkataraman se encontraba ahora poco menos que exhausto, por lo que penetró en el santo lugar y se sentó sobre uno de sus bancos. Estaba adormecido cuando el cocinero le comunicó que debía abandonar el templo, pues llegaba la hora de cerrar sus puertas. El joven tenía hambre y abiertamente pidió de comer, pero le fue negado todo alimento. Todavía cansado, se dirige al templo de Kilur, en donde nada más llegar se vio de nuevo sumido en éxtasis. Después, al parecer, le fueron servidos algunos alimentos y pudo descansar hasta el día siguiente.

Ligeramente repuesto, el muchacho, muy de mañana, continúa su infatigable marcha hacia el ansiado Tiruvannamalai, que todavía se halla a veintitantos kilómetros de distancia. Con el propósito de poder continuar el trayecto en tren, no tuvo más remedio que vender sus pendientes y obtener así algún dinero. Al día siguiente tomaba el tren para Tiruvannamalai. ¡Qué emoción debió de inundar el corazón del Ramana cuando por fin encontrase ante sí el lugar al que durante tres días había tratado de llegar! Era el 1 de diciembre de 1896. Las penalidades del viaje habían terminado. El joven penetra en el templo y cae en *samadhi*. A partir de ese momento nada podrá interponerse en su marcha hacia sí mismo, ningún obstáculo podrá impedirle que continúe caminando por el sendero del Yo.

Venkataraman ha renunciado a la vida mundana, es propiamente un sanyasin. Como muestra de ello, arroja el poco dinero que todavía le queda y se rapa la cabeza. Después, firme en su decisión, tiene un bonito gesto: se despoja de la cinta sagrada que es distintivo de su casta, lo que quiere significar que a partir de ese momento para él no existen clases ni castas. Todos los hombres viven gracias a Dios y para él todos los hombres son iguales. Ramana ya no tiene nada material, pero goza a cambio del don más valioso de este mundo: el poder sobre sí mismo. Se quita sus ropas y se cubre con un pedazo de tela. Más tarde, pleno de dicha, sabiendo que ha realizado lo único que en su naturaleza era dado realizar, vuelve al templo, se instala en una amplia sala y se desploma en el deseado *samadhi*, en cuyo estado pasaría semana tras semana, en completa soledad y silencio solo consigo mismo, con su Yo.

Quiso el destino que el bueno de Seshadriswami, un sadhu que habitaba por aquellos lugares, comenzase a encargarse de la protección del joven sanyasi. Por aquel entonces, los niños de la localidad se complacían en arrojar piedras al Maharshi y en molestarlo continuamente. Pero él, impasible al exterior, continuaba sumido en sus propias meditaciones. Para evitar las travesuras de los niños, el sadhu condujo a Venkataraman a una estancia subterránea del templo, en donde la oscuridad era casi completa. Pero este forzoso traslado trajo consigo algo prácticamente peor que las piedras que los adolescentes arrojaban al Maharshi. La estancia subterránea estaba llena de toda clase de insectos, los cuales, con furia inigualable, atacaron una y otra vez al joven, hasta que dejaron su cuerpo cubierto de purulentas heridas. Venkataraman, como si su cuerpo fuera insensible a todo dolor, continuaba la mayor parte del día sumido en éxtasis.

Varias semanas después, un hombre llamado Venkatachala Mudali tuvo ocasión de contemplar el lamentable estado en que se encontraba aquel sanyasi que era casi un niño. En compañía de otras personas, levantó su cuerpo y lo condujo al santuario de Sunramaniam. El Maharshi seguía en éxtasis y no creemos que fuera consciente de este cambio de lugar.

El Maharshi, generalmente en *samadhi*, permaneció algunos meses en el santuario. Se encargaba de él un monje sometido al voto de silencio. El monje en cuestión lo alimentaba y aseaba tan cuidadosamente como le era posible hacerlo. Por fortuna, más adelante, Venkataraman se dejó llevar al jardín del templo, lo que indudablemente resultaba más saludable para su minado organismo. No obstante, Ramana pasaba la mayor parte del día en éxtasis, incluso cuando daba sus cortos paseos por el lugar.

Podemos asegurar que nunca un hombre tan joven había obtenido tanto espiritualmente; fenómeno que no pasaba inadvertido para todos aquellos que tenían ocasión de observar a este sanyasi.

La fama del Maharshi comenzó a extenderse. Eran ya muchos los hombres que, unas veces por curiosidad, otras por auténtico deseo de realizarse, acudían a visitarlo y a postrarse a sus pies. Así impartía Ramana su doctrina: dando gracia, mediante su presencia, a los demás. Una doctrina que se adquiría a los pies del Maestro, de corazón a corazón, sin palabras. No es de extrañar, pues, el significativo hecho de que a un emisario enviado por Mahatma Gandhi al Maharshi en busca de noticias, este le contestase:

—No es necesario que le respondas nada. Los hombres puros pueden comunicarse de corazón a corazón.

La doctrina del Maharshi, como más adelante veremos, es prácticamente una doctrina sin palabras. Los que se postraban a sus pies no necesitaban de ellas. Sentían un especial influjo que les ayudaba espiritualmente y les permitía avanzar más deprisa por el camino de la autorrealización.

Diversos devotos se pusieron a disposición de este hombre santo que tanto les sorprendía. Entre ellos merece destacarse al generoso Uddandhi Nayinar, que se encargaba de proteger al maestro y facilitarle toda clase de atenciones. Este fiel devoto esperaba con impaciencia que el Maharshi le impartiese su doctrina, pero transcurrían los días sin que oyese una palabra de sus herméticos labios.

Poco después, un sadhu de la localidad, después de contemplar a Venkataraman, se sintió tan impresionado por su grata presencia que se arrodilló ante él y ya no dejó de hacerlo diariamente durante mucho tiempo. Este noble hombre se llamaba Annamalai Tambiram, y debido a él el Maharshi fue trasladado al santuario de Gurumurtam, en donde el joven se sentiría en mejores condiciones. Sucedía este acontecimiento en febrero de 1897.

En el santuario de Gurumurtan no resultaba más fácil la existencia del Maharshi, ya que abundaban los implacables insectos. Pero hacía ya mucho tiempo que el Maestro no parecía experimentar ninguna sensación que proviniese del exterior. Todo su interés se centraba plenamente sobre su yo espiritual. No aparentaba sentir dolor alguno ante el devoramiento continuo de las hormigas, que familiarmente caminaban a lo largo de todo su enflaquecido cuerpo. Ramana fue colocado sobre una silla, pero ni aun así podía evitarse la furia de los insectos.

Cada vez es mayor el número de las personas que acuden a visitar al Maestro. Todos quedan asombrados ante su aspecto de santidad y muchos se postran a sus pies y lo adoran.

Tambiran, por motivos que nos son totalmente desconocidos, abandonó Tiruvannamalai durante cerca de un año. El Maharshi, como al principio, vuelve a quedarse solo consigo mismo. Pero ahora ya la situación era mucho menos grave en lo que respecta a los alimentos. No escaseaban los devotos dispuestos a suministrarle comida, sintiendo una especial satisfacción en poder hacer algo por aquel hombre santo.

No pasaría mucho tiempo sin que el Maharshi pudiera contar con otro fiel servidor. Se trataba en este caso de un rígido asceta llamado Palaniswami, adorador del dios Vinayaka. Este asceta permanecería en compañía del Maharshi nada menos que durante veinte años, siendo con seguridad el devoto más leal con que contó el Maestro.

Si por un lado Palaniswami se vio gratamente impresionado por el aspecto de santidad del Maharshi, por otro no pudo menos que sentirse sumamente apenado ante la contemplación de su lamentable estado corporal. No es exagerado decir que Venkataraman era una ruina humana por aquel entonces. Su cuerpo estaba sucio y enflaquecido; sus uñas eran largas y descuidadas; sus cabellos, desgreñados; su rostro, enjuto, pálido, enfermizo. Todo su organismo estaba sumido en una desoladora debilidad.

Todavía el Maestro no había adquirido su residencia fija. Es en 1898 aproximadamente cuando se acomoda en el jardín de Naicker, lo que le permite un mayor retiro y aislamiento. El Maharshi y su fiel Palaniswami se instalan en una rudimentaria choza. Ambos hombres comienzan a estudiar filosofía y a intercambiar sus personales opiniones al respecto. Con paciencia y amor, Ramana explica una y otra vez sus puntos de vista a su discípulo que, complacido y agradecido, le escucha con toda atención.

La fama de Maharshi crece a pasos agigantados. Son muchas las personas que anhelan postrarse a sus pies. En numerosas localidades se habla insistentemente sobre la personalidad del Maestro y sobre su excelsa santidad. Debido a la extensión de la fama de Ramana, su desolada madre obtuvo noticias sobre él y, emocionada, fue rápidamente al encuentro del hijo que no veía hace tanto tiempo. Pero un duro golpe le esperaba a esta maternal mujer. El Maharshi, ya más allá de toda cuestión mundana, habiendo trascendido toda emoción o pasión humanas, se niega a ver a su madre. ¿A qué se debe esta aparentemente cruel reacción del Maestro, siempre afable y bondadoso? Aventuraremos nuestra personal creencia. Es muy posible que el Maharshi quisiese evitarle a su madre toda posibilidad de que se ilusionase con la idea de que su amado hijo pudiese regresar de nuevo al hogar. Pero es solo una hipótesis. Consideremos que en todas las religiones y en todas las épocas no han faltado numerosos *renunciantes,* hombres de firmes creencias espirituales, que abandonasen hogar y familia; sírvanos de ejemplo Buda y Cristo. También podríamos nombrar a Mahavira (fundador del jainismo) y a otros muchos, pero no creemos que sea necesario. El hecho es que esta clase de hombres, por imperativos de su conciencia y de sus espirituales aspiraciones, se ven impulsados a sacrificar sus hogares y a producir un profundo dolor en los seres queridos que les rodean. Pero, por lo general, sus ambiciones se cifran mucho más allá de una vida personal, de unas ambiciones lógicas y naturales. Todo místico está hecho no para unos cuantos, sino para los demás.

A pesar de la insistencia de los familiares del Maharshi y de sus promesas de que le permitirían continuar a su lado con su particular estilo de vida, este se negó rotundamente a regresar con los suyos. Su lugar estaba allí, en Tiruvannamalai.

Se instala Ramana en el templo de Arunagirinathar y comienza a llevar una vida más activa, saliendo él personalmente a pedir sus alimentos. El número de devotos continuaba creciendo, pero el Maharshi seguía tan hermético y concentrado en sí mismo como siempre. No obstante, penetraba con menor frecuencia en éxtasis y parecía que estaba próximo el día en que definitivamente despertase para los demás. Poco tiempo después cambia una vez más de lugar y se acomoda en una zona oriental del Arunachala, exactamente en Pavazhakhunru, sitio en el que su madre imploraría al menos su presencia.

La madre, angustiada y en cierto modo desesperada, suplicó a Venkataraman su vuelta al hogar. El Maestro, aparentemente frío e impertérrito, guardaba silencio mientras su madre continuaba con sus inagotables ruegos. La pobre mujer, llena de dolor, comenzó a llorar. ¿Se apiadaría así el Maestro? Su reacción fue imprevista: muy serio, inalterable, abandonó el lugar en el que se hallaba con su madre. Pocos días después, Ramana escribía a su madre:

«El Ordenador controla el destino de las almas de acuerdo con sus anteriores acciones. Lo que está destinado a no ser, no será, a pesar de todo lo que nosotros podamos hacer. Será lo que haya de ser, aun cuando tratemos de impedirlo. Esta es la verdad. El mejor camino, por consiguiente, es guardar silencio.»

Para el Maharshi su familia la representaba todo el mundo; rechazaba todo parcialismo o favoritismo. Todo ser humano tenía el mismo derecho a contar con él. Los vínculos familiares no tenían mayor importancia que otra clase cualquiera de vínculos. El Maharshi estaba para todos, sin distinciones de clase, casta o religión, sin ningún tipo de discriminaciones. Sabía que un paso en falso, aunque de su madre se tratara, podía arruinar todos los esfuerzos que hasta ahora había venido realizando; sabía, además, que el verdadero amor no debe canalizarse hacia una persona únicamente, sino hacia todos los seres de la tierra.

¡Con qué dolor no regresaría a su localidad la madre de Venkataraman! Y tal vez, ¡con qué sufrimiento no se quedaría el Maharshi al observar cómo caían por tierra todas las ilusiones de su querida madre! ¿Por qué no comprendía ella que del Venkataraman de entonces nada quedaba ya, exceptuando el vago recuerdo? ¿Por qué, cegada por su pasión de madre, no era capaz de darse cuenta de que él, el hombre al que tantos necesitaban, ya estaba mucho más allá de las cosas terrenales?

El Maharshi no podía traicionarse, y, a decir verdad, jamás lo hizo. Había elegido un espinoso camino, es cierto, pero él gozaba en recorrerlo. Era el camino que llevaba hacia Dios, hacia el Infinito, hacia la identificación con el Absoluto. Un sendero sumamente difícil, pero como dice el adagio oriental:

«Más difícil aún que caminar por el filo de la navaja, es el sendero hacia la liberación.»

3
El Maharshi y la Montaña Sagrada

EL MAHARSHI se instaló en Arunachala unos dos años después de haber abandonado su hogar. Como ya hemos señalado, durante ese tiempo estuvo en diversos santuarios. En 1898 se fue a habitar a la Montaña Sagrada, exactamente en el templo de Pavazhakhurunhu, lugar en donde lo visitó su madre. Posteriormente, el Maestro fue pasando de una cueva a otra, pero ya jamás abandonaría el Arunachala. El Ramanashram empezó a tomar vida alrededor del año 1922 y se constituyó al pie del Arunachala. Allí permanecería el Santo hasta el final de sus días.

Poco a poco, mucho antes de que el ashram fuera formado, el Maharshi comenzó a contar con determinados devotos y su fama fue creciendo a lo largo de toda la India. Al principio Ramana observó un hermético silencio, pero después comenzó a comunicarse con sus discípulos y les impartió su singular doctrina. Con frecuencia el Maharshi, una vez despertó al mundo, daba algunos paseos alrededor de la Colina Sagrada. Tales paseos siempre se los recomendó el Santo a sus discípulos, pues ayudaban a activar la mente y reconfortar el espíritu. Los paseos podían realizarse en silencio, meditando, o bien entonando diferentes himnos religiosos, pero como quiera que fuese, siempre a pie y descalzo.

Arunachala tiene 2.700 pies de altura aproximadamente, y su nombre significa «colina de luz». En noviembre se celebra allí un importante festival religioso, al que acuden infinidad de personas. Está considerado Arunachala como un santo lugar desde hace muchísimos años. Es la representación de Siva y en sus cuevas han vivido muchos renunciantes, yoguis y santos. Siempre fue sitio de peregrinación y mucho más después de que el Maestro abandonara este mundo.

El Arunachala se encuentra al sur de la India y siempre ejerció una poderosa fascinación sobre el Maharshi. Sin ningún lugar a dudas, puede decirse que Ramana se realizó a través de la «colina de la luz».

4

Una existencia de paz

Progresivamente el Maharshi despertó a la vida que le rodeaba y comenzó a dialogar con sus devotos. Más adelante, su madre, que como ya sabemos había sido rechazada, volvió a visitar a su hijo. Ya antes lo había hecho su hermano menor, que al ver al Santo se sintió tan conmovido y emocionado que, abrazándose a él, prorrumpió a llorar. Mientras su hermano lloraba de alegría, el Maharshi permanecía callado y sin mostrar la más mínima alteración en su semblante inalterable.

Una vez en compañía de su hijo, la madre del Maharshi se puso gravemente enferma, con fiebres muy altas. Entonces el Ramana desplegó todo su cariño y gratitud y la atendió cuidadosamente, tanto de día como de noche. El maestro compuso los siguientes versos:

«¡Oh, Señor! Colina de mi refugio, Tú que curas las enfermedades de todos los nacidos, incumbe a Ti curar la fiebre de mi madre. ¡Oh, Dios, que dictas la muerte! Revélate en el Corazón-Loto de aquella que me dio nacimiento para que me refugiara a Tus Pies de Loto y protégela de la muerte.

»Arunachala, ¡Fuego de Conocimiento! Envuelve a mi madre en Tu Luz y haz que ella sea una contigo.

»Arunachala, ¡Dispersadora de todas las ilusiones! ¿Por qué no alejas el delirio de mi madre? No hay otro sino Tú para cuidar como una madre de aquel que ha buscado refugio en Ti y rescatarlo de la tiranía del Karma.»

El Maharshi, como hombre que era por muy desapegado que estuviera de las cuestiones del mundo, estuvo preocupado a causa de la enfermedad de su querida madre y se sintió muy aliviado cuando poco después esta se restableció totalmente. Esta extraordinaria mujer invertiría el resto de su vida en estar en compañía de su hijo. Todos los devotos del Maharshi aprendieron a amarla y a tenerla como a una madre comprensiva y tolerante.

El Maharshi no se opuso a que su madre se quedase con él. Ella se encargaba de las faenas domésticas y preparaba la comida.

También el hermano menor del Maharshi entró a formar parte de la comunidad, para lo que hubo de abandonar sus estudios. Al igual que Venkataraman lo hiciera un día, se convirtió en sanyasin y renunció a su vida cotidiana. Así pues, el Maharshi se encontraba nuevamente junto a su familia, pero eso no le impedía observar todos los preceptos que él mismo se había impuesto desde hacía años.

Para Ramana todas las mujeres eran sus madres como todas las personas eran sus hermanos, por lo que no concedía una especial atención a Alagammal. Ella era para él como cualquier otro ser humano, ni menos ni más. Pero la amaba, la amaba desde lo más profundo de su limpio corazón.

Alagammal, que en un principio se hallaba inadaptada en su nuevo ambiente vital, vertía lágrimas con frecuencia, aunque nunca se lamentaba. El Santo parecía ignorarla. Quizá quería demostrarle con su postura que ella no debía aspirar a ningún privilegio extraordinario ni hacer gala de que era la madre del Maharshi. Esta mujer, a pesar de que los principios fueron difíciles, supo adaptarse magníficamente a las costumbres de la comunidad y fue un perfecto miembro de ella. Querida y estimada, todos la tenían como a una buena hermana a la que se le pueden consultar las más variadas dudas. Pero la muerte no estaba lejos; solapadamente la seguía. Ya en 1920 su salud comienza a resentirse. Sri Bhagavan vuelve a demostrarle su amor en todos los sentidos y se ocupa de ella cuidadosamente. Poco a poco Alagammal comienza a experimentar en sí misma la iluminación ya obtenida muchos años antes por su hijo, y se siente sumamente agradecida.

Es en el año 1922 cuando la madre del Maharshi abandona este mundo, lo que origina un general desconsuelo. Se celebró un piadoso velatorio y el Santo permaneció durante algunas horas en *samadhi*. Empero, hay que decir que el Maharshi no se sintió apenado tras la muerte de su madre; porque sabía que ella había penetrado en el Nirvana, se había realizado definitivamente. Por eso, tras ocurrir el fatal desenlace, el Maharshi animadamente dijo: «Ahora ya podemos comer». Ella había alcanzado la Unión con Dios. Más tarde, el Sabio diría a sus discípulos: «No ha muerto; ha sido incorporada.» Todos los devotos se sintieron reconfortados; además, estaban orgullosos de aquella mujer, que en todo momento había demostrado una gran voluntad de carácter y un fervoroso respeto por la búsqueda del Yo. Por otra parte, ellos ya sabían que el cuerpo es una ilusión que no permanece; únicamente el espíritu es inmortal, imperecedero.

Se enterró el cadáver a los pies del Arunachala y sobre él se colocó una lápida.

En el retiro, en el silencio, el Maharshi llevaba una vida de paz, entregado a la instrucción espiritual y a la vida del ashram. El Santo había ganado muchos devotos y en todas partes se hablaba de su gran bondad y del amor que desplegaba sobre los demás.

Digamos algo sobre la vida que el Santo llevaba en el ashram. Por lo general, se levantaba aproximadamente a las cuatro de la madrugada y realizaba sus abluciones. Después adoptaba una postura meditativa, en silencio, y permitía que sus devotos recitasen algún poema o entonasen algún himno. Comenzaba entonces el tiempo de meditación, que se extendía por espacio de una o dos horas. A eso de las seis de la mañana empezaban a llegar los visitantes, cada día en mayor número, y se postraban a los pies del Maestro. Luego de retirarse estos, el Sabio tomaba algunos alimentos, generalmente a base de sémola o arroz; un poco después volvía a sentarse en meditación, mientras los discípulos realizaban sus tareas correspondientes: pasear, visitar la tumba de Alagammal, hacer guirnaldas de flores, entretenerse en actividades literarias, corregir y analizar los escritos del Maharshi, preparar las comidas y dialogar con los visitantes. También Ramana se ocupaba de los menesteres domésticos, y así no era raro verlo preparando los alimentos y lavando las legumbres; también restauraba cántaros, escribía, traducía textos sagrados, leía la correspondencia, encuadernaba libros o pulía bastones.

Poco más o menos a las doce de la mañana tenía lugar el almuerzo, seguido por un corto descanso que daba paso a nuevas labores. Al declinar el día se dedicaban unas horas a la meditación, hasta que llegaba la hora propia de la cena. Las nueve de la noche era la hora fijada para que los devotos se acostasen, si bien muchos de ellos continuaban hasta más tarde componiendo himnos o poemas, o bien meditando o hablando con el Maestro.

Como puede deducirse, era muy simple el modo de vida que se llevaba habitualmente en el ashram. Se desprendía de aquel lugar sagrado una especial atmósfera que invitaba a la meditación y favorecía la búsqueda del Yo.

Aparte de las comidas mencionadas, a eso de las tres de la tarde se ofrecía una colación a los visitantes en donde no faltaba el té. La comida consistía en pastas y verduras. El Maharshi, por hacer compañía a los comensales, picaba un poco de todo, pero muy comedidamente. Tenía la buena costumbre de no dejar el menor resto de comida en la escudilla.

Cada temporada que pasaba era mayor el número de visitantes que llegaban a sentarse a los pies del Maestro. Eran hombres de toda clase y condición, procedentes de todos los rincones de la India y de más allá de sus fronteras; incluso los intocables eran bien recibidos. Como ya sabemos, el Santo hablaba en muy contadas ocasiones. Permanecía en éxtasis, silencioso, pero consciente de todo aquello que sucedía a su alrededor. Cuando por fin hablaba, repetía con harta frecuencia:

«Únicamente hay dos modos de conquistar el destino y desligarse de él. Uno es averiguar para quién es el destino y recordar que solamente el ego está sujeto al destino, no el Yo, y el ego es inexistente. El otro es aniquilar el ego sometiéndolo por entero al Señor, comprendiendo nuestra importancia y diciendo continuamente: "Yo no, solo Tú, Señor, abandonando toda idea del yo y mío, y entregándose por completo en manos del Señor. El verdadero renunciamiento es amor a Dios por el amor y nada más, no siendo aceptable concebirlo ni aun como un medio para conseguir la salvación".»

Muchas veces, durante el tiempo dedicado a la meditación, llegaban algunos renunciantes que vivían en las distintas cuevas del Arunachala y rendían homenaje al Sabio, que en todo momento los recibía afablemente.

La meditación se celebraba en el atrio. Las mujeres se sentaban a un lado y los hombres al otro. El Maharshi adoptaba la clásica postura india, o sea con las piernas cruzadas. A las cinco de la tarde se recitaban los Vedas. Todo visitante que acudía ofrendaba frutas al Sabio. En la estancia olía a incienso y la iluminaban algunas tenues lamparillas.

A medida que los visitantes se iban haciendo mucho más numerosos, el ashram fue enriqueciendo sus dependencias. Merece destacarse su biblioteca, rica en textos religiosos. Aparte estaban la cocina, el establo, el comedor, la oficina y el salón para los invitados, así como dos pequeños apartamentos. Hay también hermosos jardines, un estanque y algunas edificaciones para los invitados especiales que pasan una o dos noches en el ashram.

Como ya hemos apuntado, la vida en el ashram era muy simple, y puede asegurarse que se mantuvo así hasta que el Santo abandonó este mundo. No se ponía ningún impedimento a los visitantes, que en todo momento podían ver al Maharshi. La disciplina en el ashram era estricta, y todo se encontraba aseado y en orden. Durante los últimos años de vida, Bhagavan recibió a miles de personas, lo que indudablemente le fatigaba en exceso, aunque él jamás se lamentó por ello.

A veces el Maharshi, en compañía de sus devotos, caminaba alrededor del Arunachala. Aquellos paseos le estimulaban, le hacían sentirse joven y feliz.

Tal como la hemos descrito brevemente era la vida del Maharshi. Una vida sencilla, en contacto con los hombres y con la naturaleza: ¡una existencia de paz, de amor, de armonía, de autorrealización!».

5

Los últimos años

LAS PRIMERAS PRUEBAS físicas por las que pasó el Maestro en su juventud afectaron posteriormente a su salud cuando ya era un hombre maduro. Un fuerte reumatismo, cuyos orígenes procedían seguramente de sus años difíciles, acometía implacablemente todo su cuerpo, invalidándole las piernas y lastimándole la espalda y los hombres. Su apariencia física apenaba a los que lo rodeaban, pues denotaba una peligrosa fragilidad. Sin lugar a dudas, su salud era precaria; todo hacía pensar que no se hallaba lejano el fin de sus días, lo que consternaba y entristecía a sus muchos discípulos. Se alimentaba parcamente, aun cuando los devotos quisieran darle alimentos mejores, por lo que la cuestión de su salud se hacía más difícil todavía. A partir de 1945, no era de extrañar que en cualquier momento se produjese el desenlace final. Aunque únicamente tenía sesenta y tantos años, se le veía envejecido y agotado, pero eso sí, siempre afable y sonriente, con una mirada lúcida y cristalina. Le molestaba que se preocupasen por él y no quería que le distinguiesen con atenciones especiales. Seguía en todo momento sujetándose a las ascéticas reglas del ashram. Para colmo de males, un sarcoma maligno apareció en su brazo alrededor del año 1949. El dolor se reflejaba poderoso en el rostro del Maestro.

Se realizó una primera operación por el médico de ashram y se le extirpó el nódulo que aparecía en su brazo izquierdo. El Maharshi siempre dio muestras de serenidad y fortaleza. Tan solo le causaba tristeza el que sus discípulos se preocupasen tanto por su salud física y por su nada envidiable estado corporal.

A pesar de la operación sufrida, el tumor comenzó a reproducirse de nuevo al cabo de un mes, aumentando de tamaño y confundiendo a los médicos. La segunda intervención quirúrgica la realizaron unos cirujanos de Madrás, pero los resultados obtenidos no fueron más halagüeños que los anteriores, y pronto el tumor, implacable, surgió de nuevo y cada vez con peor aspecto. Todas las personas del ashram estaban taciturnas y temerosas. Los especialistas aseguraron que era necesario amputar el brazo enfermo, pero el Ramana se opuso a ello diciendo:

«No existe motivo de alarma. El cuerpo es una enfermedad en sí. Dejemos que tenga su fin natural. ¿Para qué mutilarlo?»

Ante la decisión categórica del Maharshi, pocas esperanzas quedaban de que su vida pudiese alargarse por mucho tiempo. La muerte no se haría esperar. Todos se daban cuenta de ello y el ánimo que reinaba entre los discípulos era poco menos que trágico. No obstante, algunos, sin querer aceptar la dolorosa realidad, todavía confiaban en que un milagro salvaría al Santo.

Aunque el dolor debía ser muy intenso, Ramana jamás se quejó de él ni se lamentó de su situación. Por el contrario, animaba a sus devotos y les hacía creer que no sufría en absoluto. Se mostraba indiferente al dolor y en sus ojos seguía reflejándose la serenidad de siempre.

Aparte de las actividades de la medicina oficial, se ensayaron otros procedimientos terapéuticos con el Santo, pero ningún resultado positivo pudo obtenerse. La suerte estaba echada: el gran místico de la India del sur no tardaría en morir. A veces decía: «Hay dolor», pero como si el mismo fuese impersonal y distante de él.

Aun cuando las esperanzas de curar la dolencia eran ya muy lejanas, todavía se le practicó una tercera operación, con resultados estériles, por supuesto. La tercera intervención se llevó a cabo en el mes de agosto. Poco después el Santo diría:

«Aceptan este cuerpo como Bhagavan y le atribuyen sufrimientos. ¡Qué ignorancia! Están tristes y abatidos por la creencia de que Bhagavan los abandonará y se marchará… ¿adónde puede ir y cómo?».

A finales de 1949 le fue realizada la cuarta y última intervención quirúrgica, ya poco menos que a la desesperada. Era un caso desahuciado por la medicina. Lo más que se podía hacer por el enfermo era suministrarle sedantes, a fin de reducir sus dolores, que cada vez se harían más intensos. Aunque el Maharshi no estaba de acuerdo, se le aplicaron otros tratamientos, tales como la homeopatía.

Tal como se suponía, los dolores se hicieron poco menos que insufribles. El Sabio apenas podía comer y se encontraba sumamente debilitado. Empero, conservaba su fino sentido del humor y animaba a los que le rodeaban. La vida no parecía conservar el menor significado para él. Decía: «Permitamos que los acontecimientos sigan su curso natural».

El día 5 de enero, con motivo de la celebrada fiesta del Jayanti, cientos de personas se congregaron en torno al swami de Arunachala y le rindieron su homenaje. El Santo se sentía complacido y ofreció su gracia a los visitantes. Maharshi cumplía setenta años. En el ánimo de todos estaba que no viviría mucho más. Y así fue efectivamente. El 15 de abril de 1950 eran tan intensos los dolores del brazo, que los especialistas quisieron aplicarle algunos sedantes. Para sorpresa de todos, el Santo se negó a ello: un acto más de indiscutible fortaleza. Al despedirse de sus discípulos les dijo:

«Los occidentales tienen una palabra: "Gracias". Pero nosotros decimos "me siento complacido"».

El 16 de abril se encontraban muchas personas en el anshram del Santo, esperando el desconsolador desenlace. Su aspecto era lamentable, hasta tal punto que resaltaban todos sus huesos y la piel parecía adherirse a ellos.

Declinaba el día cuando el Maharshi fue extendido sobre su cama. Los devotos que había en la sala estaban tristes y silenciosos. Un médico administraba oxígeno al Sabio. Sus labios congelaban una maravillosa sonrisa. Solo un suspiro, unas lágrimas por sus enjutas mejillas, y abandonó este mundo. El Ramana Maharshi, el gran

Sabio de Arunachala, el hombre que había llevado la paz hasta tantos corazones, había finalizado sus días sobre la Tierra. La palidez y la melancolía se reflejaba en todos los rostros; también el desamparo, la amargura, el dolor. ¿Quién podría sustituir a esa alma grande? Los himnos religiosos se elevaban fervorosos al cielo mientras su cuerpo yacía inerte.

Durante la noche se veló el cadáver y al día siguiente fue enterrado con todos los honores. Un hombre santo había muerto, quizá el más grande santo de los últimos tiempos. Pero con la desaparición de su cuerpo no desaparece su recuerdo; él es imperecedero. Cuando nos preguntamos «¿quién soy yo?», el Maharshi va inmerso en la pregunta formulada. Su recuerdo estará siempre entre nosotros, como lo está el de tantos otros grandes hombres. Vivió en silencio y, sin embargo, su enseñanza se extendió a miles de kilómetros. La muerte no ha podido robarle todo aquello que él pacientemente había conseguido en vida. Puede decirse que aun sucumbiendo a ese gigante negro que es la muerte, obtuvo la inmortalidad para siempre. Solo los que son olvidados han muerto definitivamente. El Maharshi, como dice A. Osborne —uno de sus mejores biógrafos—, está aquí para aquellos que buscan. Así es. Él, como todos los que supieron vivir a través del amor, está aquí, entre nosotros, ayudándonos en nuestra propia soledad de hombres.

6

La doctrina del Maharshi

La doctrina del Maharshi, aunque no expresamente definida, tiene muchos puntos de contacto con la filosofía oriental en general. No olvidemos que Ramana era ante todo un oriental puro: contemplativo, pacífico, amante de la naturaleza, desapegado...

Buena parte de los sistemas soteriológicos orientales coinciden en que es necesario trascender la mente dualística para obtener la liberación o autorrealización espiritual. Tratemos de profundizar un tanto en esta concepción. El hombre normal se rige mentalmente por un sistema dual de pensamiento: los pares de opuestos, o los pensamientos contrarios: frío-calor, placer-amargura, dulce-amargo, etcétera. Para conseguir niveles superiores de conciencia y lograr aquel que es el más elevado, o sea, el *samadhi*, es imprescindible —según la mayoría de los sistemas orientales— trascender los contrarios, los pares de opuestos, encontrar una afirmación absoluta más allá de la vulgar y dualística afirmación-negación; en pocas palabras, *vivir la Verdad Absoluta, Suprema*. El intelecto no es suficiente para la consecución de esa Verdad Absoluta; es necesario el despertar de la intuición, vencer la ilusión (maya) y centrarse sobre el Símismo, sobre el Yo Superior. Los conceptos, las clasificaciones, las etiquetas, los pensamientos intelectuales, únicamente dificultan el camino hacia la realización, hacia la identificación del sujeto con el objeto, del contemplador con la cosa contemplada. Intelectualmente no se llega a la afirmación absoluta. Para el Maharshi la forma más directa de llegar a ella es tratando de conocer el propio Yo. De ahí su recomendación de que es imprescindible preguntarse constantemente: ¿Quién soy yo?

Hasta cierto punto, son muy ciertas las palabras de Jung cuando dice: «El intelecto de hecho viola el alma cuando trata de apoderarse de la herencia del espíritu». Hay que extraer la intuición de su aletargamiento y hacerla florecer. Por otra parte, la verdad está en uno mismo, como ya señaló San Agustín, y el hombre —decía el Ramana— es mucho más que ese conjunto de huesos y carne que forman su organismo físico.

Para despertar la intuición hay que dejar a un lado el análisis intelectual y el pensamiento logístico; hay que avanzar hasta un terreno vital que se encuentra más allá de los opuestos. Maharshi decía con frecuencia:

«La mente está formada por pensamientos. Paraliza el pensar y muéstrame entonces dónde está la mente.»

Por mucho que un hombre piense y piense —aseguran los sistemas soteriológicos del Oriente—, poco avanzará por el camino hacia la liberación. Se atormentará mentalmente, es cierto, pero como no detenga sus pensamientos, no será muy valioso el fruto que obtenga, si es que obtiene alguno.

Ramana Maharshi no era un filósofo en el exacto sentido de la palabra. Jamás desarrolló o creó un sistema filosófico. Era ante todo un místico y sabía que la filosofía confunde al ser humano y lo aparta de su sendero. Era, eso sí, un hábil investigador e indagador del Yo. Su técnica de autorrealización, denominada Vichara, consiste primordialmente en el conocimiento del Yo. A todas las personas que acudían a visitarlo y le pedían que mostrase su enseñanza, el Santo les repetía una y otra vez que se formulasen la pregunta: ¿Quién soy yo? Nadie crea, empero, que se trata de repetirse dicha pregunta de una forma automática y rutinaria. En absoluto. Es sumamente importante sentir la pregunta hasta en lo más profundo de sí mismo, olvidarse un poco de los vocablos que la forman y captar el concepto, alertar la mente para que en todo momento se esfuerce en descubrir: ¿Quién soy yo? En pocas palabras, vivir a través del ¿quién soy yo?, hacerlo parte de uno mismo. Progresivamente —según dicen los que llevaron a cabo el Vichara—, la mente se va aquietando y el proceso pensante se va paralizando. Todo será más sencillo cuando el practicante haya hecho de su mente una esclava y la haya despojado de su carácter de dominadora.

Ramana comenzó a realizarse desde el mismo momento en que fue consciente de que él no era ni un cuerpo ni unos pensamientos, sino algo más profundo y trascendental. Su doctrina no es nueva, ni mucho menos original (ya era cientos de años antes conocida en la India), pero él tuvo la suficiente voluntad de llevarla hasta sus últimas consecuencias, de seguir fielmente sus pasos. La búsqueda del Yo es tan antigua como la humanidad en sí. Ramana Maharshi obtuvo su liberación y se impuso el admirable deber de ayudar a los otros en su disipada lucha por la misma. No era un predicador más (en realidad detestaba predicar); era un sanyasin liberado que influía con su gracia en quienes se postraban a sus pies. No creó ningún sistema filosófico ni se enredó en filosofía alguna. Su verdad era la más sencilla, la más clara y transparente, la que de tanto repetirse se ha vuelto mecánica e insustancial: «Conócete a ti mismo».

Su doctrina era la de la No-dualidad, la del vivir absoluto. Abogaba por la Realidad permanente; instaba a los demás a que entrasen en contacto pleno con El Absoluto que todo lo compenetra y rige. Ese pleno contacto con el Universo en sí, con el Cosmos, era su realización. Despertar el Yo personal y fundirlo en el Yo Cósmico o Universal; rasgar las tinieblas de la ilusión; romper decididamente las cadenas de las apariencias, ¡trascender!

Ramana Maharshi, además de no ser un filósofo, raras veces era un teórico. Sus enseñanzas son sumamente prácticas. Para tener conocimiento de cómo sabe la manzana, no queda otro remedio que probarla; toda divagación es inútil cuando menos. Era un yogui del autoconocimiento, pero jamás recomendaba las prácticas o ejercicios del yoga, aunque las respetaba y las consideraba útiles en un principio. Lo importante no es el adiestramiento yóguico físico o mental, pero sí el esfuerzo (sadhana) personal. No alentaba a los demás a que se preguntasen por el porqué de la vida y de la muerte, ni tampoco a que se preocupasen por las cuestiones del Más Allá. Para él, el ser humano es inmortal, parte del Yo Cósmico, de la Realidad Trascendental. ¿Por qué preocuparse por lo que venga después? ¿Por qué disipar las energías en meras cuestiones especulativas? No enseñaba a pensar, sino a dejar de pensar, que es todavía mucho más difícil. Puesto que las palabras muy poco nos iluminan, el Sabio prefería guardar silencio. Era la suya, pues, la Doctrina del Silencio, infinitamente más elocuente y eficaz que una doctrina basada en disquisiciones filosóficas. El hombre debe convencerse de que no es su cuerpo, no es su cerebro, no es su mente; es su Yo.

Que Ramana Maharshi era un individualista, ni siquiera es necesario discutirlo. Únicamente individualmente puede encontrarse la liberación; no hay nadie que pueda tomar la absolución por otro.

Ramana enseñó que deben controlarse los pensamientos y la mente, que es necesario eliminar los obstáculos pensantes y meditar con gran frecuencia. De la meditación surge la Verdad, la Iluminación. El control mental es imprescindible si se quiere entrar en contacto con el Yo.

A pesar de que el Maharshi tenía por excelente su enseñanza, su técnica del Vichara, consideraba que no existe en el mundo una instrucción espiritual semejante para todos los hombres, y que esta depende en grado extremo de las condiciones personales y de la mayor o menor madurez del aspirante. A tal respecto, le dijo a Yogananda: «No puede haber una instrucción en masa».

Pero lo que sí tenía por cierto el Maestro es que, sea cual fuere el sendero que se eligiese, tenía por obligación, para que fuese eficaz, conducir a los terrenos del Yo. Hay que perseverar en la búsqueda del Yo, derrotar mediante el Vichara los pensamientos que se opongan y continuar sin desfallecer hacia el final, hacia la Realidad.

Mouni Sadhu, quien estuvo a los pies del Maestro, nos explica claramente cómo realizaba la técnica del Vichara:

«Dondequiera que yo estaba, el vichara estaba conmigo: andando por la calle, sentado en el tranvía o en el tren; en realidad, todo el día, excepto cuando mi mente estaba ocupada en alguna actividad inmediata y necesaria. Durante los primeros meses conté los vichara anotando cada uno con un número: "¿Quién soy yo?" (uno), "¿Quién soy yo?" (dos), etcétera. Cuando las circunstancias me forzaban a cortar la tarea, anotaba el número en mi memoria; o, si la interrupción había de ser más larga, lo escribía en una hoja de papel que llevaba con ese fin en el bolsillo. Durante los primeros días, 1.000 fue el número tope. Más tarde resultó fácil un mínimo de 7.000. Cuando aprendí a llenar con el vichara cada momento excepto los de la conversación y las ocupaciones mentales obligadas, abandoné el recuento por innecesario, pues entonces la mente había aprendido a recordar el vichara de modo automático. Lo importante no era repetir el vichara con la mente, sino saturar cada indagación con un vigoroso deseo (sin palabras) de saber "¿quién soy yo?".

»Entonces los resultados fueron: paz mental, poder de utilizarla a voluntad, como una fuerza aparte del Yo. El hombre común cree, en su ignorancia, que su cuerpo, su afectividad y su mente constituyen su ser real. El discípulo adiestrado por un Maestro supera esta falsa creencia. Y este es el punto decisivo del desarrollo espiritual, la condición *sine qua non* de su progreso en el sendero. El hombre que está bajo el dominio de su mente es solo un esclavo, y la realización no es posible para los que están esclavizados por la mente o por los sentidos.»

Debemos ahora extendernos unas líneas sobre la personalidad de Ramana Maharshi. Cabe decir de él, en primer lugar, que era sumamente humano, aunque detalles como la aparente dureza con su madre parezcan contradecir esta afirmación. Pero precisamente porque disponía de un rico caudal de amor para todos los hombres, no quería centralizarlo en unas pocas personas. Era un liberado y, además, pretendía liberar a los demás, o al menos ayudarles en su espinoso sendero hacia la autorrealización.

Era amable y cordial, con una saludable y afectuosa sonrisa que impresionaba favorablemente a todos aquellos que le visitaban. Jamás negó a nadie su presencia ni se opuso a sus preguntas. Era sencillo y humilde, y sabía reprender sin lastimar. Tenía en alta estima a todos los seres de la naturaleza, tanto al hombre como a los animales, y les profesaba un infinito respeto. Siempre dispuesto a compartir sus creencias con los demás, no hacía discriminaciones de castas, condiciones o clases. Para él tanto representaba un brahmin como un paria. Tenía en estima a todas las religiones y creía que cualquier sistema es bueno si es honesto y conduce a la Verdad trascendental. Suave, solícito, amable, comprensivo, nunca defraudaba a sus visitantes. Su gran poder se centraba en su apacible presencia, en la indiscutible fuerza emanante de su mirada infantil y un poco ingenua. Escribe A. Osborne:

«La iniciación por la mirada era algo muy real. Sri Bhagavan se volvía a veces hacia un devoto y fijaba su mirada con gran intensidad en él. La luminosidad, el poder de sus ojos penetraba en su interlocutor eliminando el proceso-pensamiento. A veces era como si una corriente eléctrica pasara por nuestro cuerpo, y entonces nos inundaba una gran paz, un haz de luz. Un devoto lo ha escrito con las siguientes palabras: "De pronto Bhagavan posaba sus ojos luminosos y transparentes en mí. Antes no había podido resistir durante mucho tiempo esta mirada. Pero ahora no apartaba mi vista de aquellos ojos terribles y maravillosos, y no podría decir durante cuánto tiempo. Me mantenía en una especie de vibración que percibía muy claramente". Y siempre era seguido por la sensación, la indudable convicción, de que había sido adoptado por Sri Bhagavan, que, desde aquel momento, él se convertía en el guía. Aquellos que lo sabían percibían cuándo tenía lugar esta iniciación, pero, por lo general, solo ocurría de forma secreta; por ejemplo, durante el canto de los Vedas, cuando pocos estaban atentos o un devoto sentía de pronto el impulso de visitar a Sri Bhagavan antes de que saliera el sol o en un momento en que nadie más estaba presente. La iniciación por el silencio era igualmente real. Penetraba en aquellos que entregaban sus corazones a Sri Bhagavan sin poder trasladarse personalmente a Tiruvannamalai. A veces se manifestaba en un sueño, como en el caso de Natesa Mudaliar.

»Por las razones que fueren (ya psicológicas, de naturaleza sugestiva o esotéricas, y que no entraremos a analizar), lo cierto es que en presencia del Maharshi toda persona se sentía protegida y en paz, así como capaz de descender hasta los más oscuros abismos de su ser; una nueva luz iluminaba los corazones de aquellos que se sentaban a sus pies. Ante él, el autoconocimiento es un hecho, el presente y el ahora una realidad; los pensamientos se paralizan y una grata armonía invade la mente. En esa presencia, en esa sublime emanación que surge de él, reside la fuerza principal del Maestro. ¡La elocuente doctrina del silencio! ¡El amor del Sabio que nunca habla! Una poderosa alquimia se producía en los presentes, que sufrían una extraña metamorfosis, incluso los más escépticos, los más intelectuales, los más exigentes. ¡Un diálogo de corazón a corazón!, en donde las palabras, meros artificios humanos, son trascendidas. Así era Ramana Maharshi: un hombre sencillo, pero fuerte; ingenuo, pero sabio; afable, pero inflexible en su doctrina.

»Pero para recibir la instrucción adecuada, no bastaba únicamente con sentarse en compañía del Santo. El devoto se veía obligado a realizar un grave esfuerzo interior, a trastocar todas sus anteriores concepciones, a desnudar su alma de la ambición y el orgullo, a despojarse de sus convencionalismos y prejuicios, a familiarizarse con su Yo. Obtener la realización representa una tarea gigantesca, feroz, casi sobrehumana.

»La meditación que recomendaba el Sabio no es totalmente igual a aquellas que propugnan las técnicas del yoga o de otros sistemas soteriológicos. Es una meditación sin palabras, en donde no se puede esperar una respuesta traducida en pensamientos (puesto que ya no los hay), sino en sentimientos o emociones. Anulados los pensamientos, ¿dónde está la mente? Anulada la mente, ¿dónde están los pensamientos? Aunque era más que todo eso, en parte el Maharshi era un *gnana-yogui* (adepto del conocimiento), un *bhakta-yogui* (adepto de la religión), un *radja-yogui* (adepto del Yo) y un karma-yogui (adepto de las buenas obras). Tenía en sí mismo un poco de todas las diversas modalidades del yoga, exceptuando las técnicas esotéricas, puesto que despreciaba los supuestos poderes psíquicos y los tenía como un obstáculo para la realización. Bondadosamente (porque la mordacidad y el sarcasmo no tenían cabida en él) se burlaba de los poderes ocultos y de aquellos que pierden su tiempo en tratar de conseguirlos. Aunque del mismo Sabio se ha dicho que hacía determinados milagros, él nunca prestó atención a estos rumores ni se afirmó en ellos. En realidad, para él las cuestiones mundanas —y los poderes psíquicos comprendidos en ellas— le tenían muy sin cuidado.

»En algunos trascendentales puntos coincide el Maharshi con sus dos contemporáneos Gandhi y Tagore. Los tres hombres se mantienen fieles a sus creencias hasta en sus últimas consecuencias, profesan el mismo apasionado amor a la naturaleza y a sus semejantes y se conservan fieles en sus ideales. Característica común a los tres es también su anhelo de abrazar a la divinidad, de sostener a Dios en sus espíritus, de hacer de Él el eje central de sus vidas.

»Ramana Maharshi no escribió sobre sus creencias y pensamientos tanto como hubiésemos deseado. Sin embargo, sí se ha escrito mucho sobre él y sobre su labor espiritual.

»La obra del Maharshi cabe dividirla en dos partes: aquella que expresaba amor y devoción, y aquella otra, más trascendente todavía, que versaba sobre su propia doctrina. Pero, afortunadamente, para llegar a sus discípulos no necesitaba de las palabras. Somos nosotros, los que no hemos tenido el privilegio de conocerlo, los que hubiésemos deseado una mayor cantidad de escritos. No obstante, y como ya reiteradas veces hemos señalado, toda su doctrina se centra en ese difícil conocerse a sí mismo que se obtiene mediante la pregunta: ¿QUIÉN SOY YO?»

7

La personalidad del Ramana Maharshi

Aun cuando ya hemos dicho más de lo necesario para que el lector haya podido hacerse una idea de la personalidad del Maharshi, vamos, no obstante, a extendernos un poco más sobre ella.

El Maharshi nunca permaneció impasible ante las inquietudes de los demás, y, como corresponde a un verdadero iluminado, siempre se esforzó en disiparlas. A pesar de que el número de visitantes llegó a ser poco menos que angustioso o alarmante, jamás el Sabio le negó su presencia a persona alguna. Todo el mundo era bueno para recibir su gracia. Hablaba exclusivamente cuando lo creía necesario, y al hacerlo se servía de una admirable afabilidad y humildad, atendiendo con la misma comprensión y amor a campesinos que a príncipes. Se interesaba por los problemas de todo el mundo y tenía una memoria prodigiosa. Su sonrisa parecía un canto de vida y de esperanza, y jamás regateaba esfuerzos para que los otros pudiesen encontrar su propia iluminación. Era, ante todo, un hombre bondadoso y concedía especial importancia al amor. Amaba a los hombres y a todo ser viviente, y tenía una especial consideración con los niños, que le parecían en todo momento criaturas encantadoras.

Los animales eran seres muy queridos para el Maharshi y mantenía con ellos unas excelentes relaciones, hasta tal punto que lo respetaban y amaban. Él personalmente alimentaba a los perros del ashram, que no tomaban alimento si no procedía directamente de él. El más anciano y querido de los perros se llamaba *Kamala*, y había entrado en el ashram cuando apenas era un cachorro.

Al igual que con los perros, el swami mantenía unas cordiales relaciones con los monos, que abundaban en los alrededores del Arunachala. Él imponía orden entre ellos, y ellos, en señal de agradecimiento, iban a visitarlo con frecuencia. Pero el animal más amado por el Maharshi era, sin duda alguna, la buena de *Lakshmi*, una vaca que le había sido regalada al Santo en el año 1926, y que desde el primer momento fue una incomparable amiga suya. Tuvo descendientes y fueron acogidos con alegría y benevolencia.

La graciosa y agradecida vaca abandonó este mundo en 1948. El Maharshi, entristecido, permaneció a su lado en los últimos momentos de su vida. La llamaba madre y le profesaba un profundo cariño. El cadáver de la vaca fue enterrado con los habituales ritos sagrados, y Bhagavan dijo que había alcanzado la Liberación.

Así era el Maharshi: un hombre sencillo y comprensivo, siempre sincero y amistoso. Es curioso señalar que de todo hombre, por grande que este haya sido, existe una leyenda negra; sobre el Maharshi, no la hay. Era un amable conductor de almas, un guía excepcional.

8

A los pies del Maestro

Poco a poco la fama del Maharshi se extendió no solo a través de toda la India, sino incluso más allá de sus fronteras. Eran innumerables las personas de toda clase y condición que se postraban a los pies del Maestro para recibir su gracia. Fueron muchos los afortunados que encontraron de tal forma su camino y obtuvieron la realización en menor o mayor grado. Nos interesa en este capítulo resaltar los testimonios directos y personales de algunas de las personas que visitaron a Ramana y escribieron después sobre esta interesante y trascendental experiencia:

SOMERSET MAUGHAM

El afamado escritor, ya fallecido, Somerset Maugham, visitó la India en el año 1936 y fue pronto invitado a visitar al Maharshi. Escribe al respecto:

«No vacilé en aceptar la invitación y, pocos días después, muy de madrugada, emprendimos el viaje. Después de un trayecto aburrido y caluroso, y a saltos por un camino polvoriento debido a los profundos surcos dejados por las ruedas de carretas de bueyes, llegamos por fin a la ermita. Nos dijeron que seríamos recibidos en seguida por el Maharshi. Habíamos traído un canasto con fruta para obsequiar al Maestro, ya que nos informaron que esta era la gentil costumbre. Nos bajamos del automóvil y nos sentamos a merendar, pues habíamos tenido la buena ocurrencia de llevar algo de comer.»

Poco después Maugham tuvo ocasión de contemplar al Maharshi. Explica:

«El Maharshi tenía una estatura corriente para un hindú, una tez de color miel oscura, cabello blanco muy corto y barba blanca rasurada casi por completo. Era más bien gordo que robusto. Aunque no usaba vestimenta, salvo un pequeño entrepiernas, se veía cuidado, muy aseado, casi se podría decir impecable. Cojeaba un poco y caminaba lentamente, apoyándose en un bastón. Tenía la boca algo grande, los labios gruesos y enrojecido el blanco de los ojos. Sus modales eran naturales y al mismo tiempo dignos. Su semblante alegre, sonriente, cortés, no me dio la sensación de un hombre culto sino más bien de un amable y suave campesino. Murmuró unas pocas palabras de bienvenida y se sentó en el suelo, cerca del camastro donde yo estaba tendido.»

Es necesario aclarar que el célebre escritor, nada más llegar al Arunachala, había padecido un fuerte desmayo y tuvo que ser acostado. El Maharshi, bondadosamente, fue a visitarlo.

«Después —agrega Maugham— de los primeros minutos, en los que su mirada gentil y benigna descansó en mi cara, dejó de observarme; no obstante, su vista, extrañamente estática, permaneció mirando por sobre mi hombro. Su cuerpo seguía inmóvil, pero de vez en cuando uno de sus pies golpeaba suavemente en el piso de tierra. Así se mantuvo, sin moverse, por un cuarto de hora más o menos. Después me dijeron que se había estado concentrando, meditando sobre mí. Me preguntó si deseaba decirle algo o plantearle alguna duda. Solo me sentía débil y enfermo, y se lo dije; él sonrió y contestó: "El silencio también es una forma de conversación". Volvió lentamente la cabeza y reanudó su intensa meditación, mirando de nuevo, como quien dijera, por sobre mi hombro. Nadie decía una palabra; las otras personas que allí estaban de pie, junto a la puerta, tenían la mirada fija en él. Después de otro cuarto de hora se levantó, se inclinó, sonrió, se despidió y, lentamente, apoyado en su bastón y seguido por sus discípulos salió de la choza.»

Después de la visita del Maharshi, el escritor se sintió enseguida totalmente restablecido. Él mismo dice:

«No sé si fue el descanso o la meditación del swami, lo cierto es que me sentí infinitamente mejor, y unos minutos después pude entrar en la sala donde él se sentaba durante el día y dormía durante la noche.»

Maugham le ofreció el obsequio de frutas al Maestro. Después pudo ver cómo el santo penetraba en *samadhi* y se hacía un profundo y conmovedor silencio en la sala.

Durante el tiempo que permaneció el escritor en la comunidad del Maharshi se dedicó a investigar sobre la vida poco corriente de este hombre. Maugham, a pesar de su rígido escepticismo, reconoció que era un alma grande y una persona extraordinaria.

JUAN MARÍN

El doctor Juan Marín, quien ha escrito múltiples e interesantes libros sobre orientalismo en su largo viaje a través de toda la India, tuvo ocasión de visitar al Maharshi y de conversar con él.

«Nos encontramos frente a un hombre anciano —explica Marín—, de aspecto bondadoso, ingenuo y casi infantil, pero profundamente emocionado y enfermo. Se nos aseguró que un sarcoma del brazo está devorándolo rápidamente, a pesar de tres operaciones ya practicadas en él. Sus piernas, atrofiadas por la larga inmovilidad meditativa de más de cincuenta años, no logran sostenerlo. No puede caminar y cuando se desplaza tiene que ser llevado casi en volandas por sus discípulos más íntimos. Moreno el rostro, blanco el cabello y blanca la barba que se deja discretamente crecer en punto, su expresión facial se ve alumbrada extrañamente por dos ojos grandes y oscuros que parecieran quemar cuando miran, pero que en realidad acarician con una expresión indefinible. Nunca hemos visto ojos semejantes, y cuando su mirada se posa en nosotros, no solo comprendemos que estamos siendo "leídos" completamente, sino también que toda la bondad del mundo, todo el consuelo y toda la compasión de la tierra se derraman sobre nosotros. Al sentir la mirada de aquellos ojos inmensos se aceptan sin discusión todos los milagros que cuentan sobre él y se comprende fácilmente lo que las gentes experimentan en su presencia y que va desde el trance místico hasta la hipnosis completa.»

Cuando Marín le pregunta al Maharshi cuál es la verdad trascendental, este responde:

«La paz, la serenidad, la armonía son el estado normal de la conciencia. Quien, como usted, es médico, sabe que, así como la salud es el estado normal del cuerpo, igualmente la paz es la actitud normal del espíritu. Cuando no hay paz, ello traduce un estado anormal, una enfermedad del espíritu, de la misma forma que la fiebre expresa un trastorno del cuerpo. Ahora bien, ¿qué es lo que produce ese trastorno, ese estado artificial de la conciencia?: la mente. Averigüe usted qué es la mente y encontrará el camino de la serenidad y de la sabiduría que usted ambiciona alcanzar… La mente, la mente…»

Cuando Marín pregunta cuál es el camino de la verdad, el Maestro responde:

«Eso nadie puede decírselo. Tiene que ser encontrado por sí mismo, por cada cual, investigando paciente y heroicamente, a solas y sin desfallecimientos. Hay que encontrar primero lo que uno es y entonces se encuentra el camino de Dios, pues Dios está en nosotros mismos y no en otra parte.»

Marín abandonó al Maharshi con la seguridad de que se había entrevistado con un gran hombre.

F. H. HUNFREYS

F. H. Hunfreys, destinado al cuerpo de policía en la India el 1911, visitaba al Maestro no mucho después.

«Fui en motocicleta y subí hasta la colina —explica Hunfreys—. El Sabio sonrió cuando me vio, pero en modo alguno quedó sorprendido. Entramos y, antes de sentarnos, me dirigió una pregunta privada sobre una cuestión en la que estaba interesado. Es evidente que me reconoció en el momento en que me vio. Todos los que se acercaban a él eran un libro abierto, y una sola mirada bastaba para que viera todo su contenido.»

Y más adelante, Hunfreys exclama:

«¡Es curioso el cambio que se experimenta cuando se ha estado en su presencia!»

Aunque Hunfreys únicamente visitó algunas veces al Maharshi, obtuvo, no obstante, un más claro y profundo sentido de la vida y de la experiencia liberatoria. Por ello, siempre le quedó eternamente reconocido.

MOUNI SADHU

Mouni Sadhu fue un típico caso de iluminación a los pies del Maestro. Le visitó pocos meses antes de su muerte. Escribe:

«Cuando llegué a la morada del Maharshi, llamada el Ramanacram, y me apeé de un salto del carricoche de dos ruedas frente al templo, pese a lo tardío de la hora, pero según costumbre del país, fui llevado directamente a presencia del Sabio.

»Estaba sentado en una vasta habitación, cerca de una de las paredes, al parecer concluyendo su cena. Había muchas personas —todas indias— sentadas en filas sobre el piso, entre los pilares. Me llevaron hasta tres o cuatro metros de distancia del Maharshi, y mi compañero le dirigió unas cuantas palabras, de las cuales la única que entendí fue el nombre de mi país. El Santo levantó la cabeza, me miró e hizo ademán como invitándome a acercarme un poco. Me llamó la atención la suave serenidad de ese movimiento, tan sencillo y digno, que inmediatamente sentí que me hallaba en presencia de un gran hombre. Su actitud era tan natural, que el recién llegado no experimentaba asombro ni timidez, y todas sus facultades críticas de pensamiento y su curiosidad se extinguían. De modo que fui incapaz de realizar observaciones o comparaciones, aunque, subconscientemente, pude haber tenido la intención de hacerlas cuando imaginaba ese primer encuentro. La figura del Sabio quedó en ese momento mismo vívidamente grabada en mí, sin calificación alguna, como una imagen captada por una placa sensitiva. Pero, como nada puede manifestarse sin palabras, procuraré describirla.»

El Maharshi, como sucedía con todo aquel que le visitaba, había impresionado profundamente a Mouni Sadhu, que agrega:

«El Maharshi, tal como lo vi, era un anciano delgado, de cabellera blanca y gran gentileza; su piel tenía el color del marfil viejo; sus movimientos eran calmosos y suaves; su semblante irradiaba un estado natural de contemplación interior, sin el menor esfuerzo de la voluntad. ¿O quizá debería decir que había alcanzado ese nivel en que la voluntad no necesita usar de su poder para superar obstáculo alguno ni para cumplir ningún propósito? Por la simple razón de que todo había sido realizado ya.»

Mouni Sadhu, durante su permanencia en la comunidad, siguió todas las reglas que se imponían, meditó largamente, estuvo durante muchas horas sentado a los pies del Maestro y se familiarizó con su doctrina. Una doctrina, como ya hemos señalado, en donde generalmente sobran las palabras.

Un día de tantos, Mouni Sadhu comienza a presentir que un nuevo mundo se está iluminando en su interior. El «tercer ojo» se está abriendo para él.

«Solo siento correr por mi faz un río de lágrimas. Son abundantes y serenas. Fluyen en silencio. Su fuente no es el dolor, el arrepentimiento, ni el pesar. No sé qué nombre dar a su causa. Y a través de estas lágrimas miro al Maestro. Él conoce perfectamente el origen de ella. Su rostro serio, casi solemne, expresa infinita compasión y amistad y resplandece con esa luz interna que lo hace tan distinto de todos los demás rostros humanos. En la luz de esa profunda mirada comprendo súbitamente la razón y el objeto de mis lágrimas. Sí, "veo" por fin. La súbita iluminación es demasiado fuerte para permitir una creencia inmediata en la verdad de lo "visto". ¿Es "esto" realmente posible? ¿Puede ser posible? Pero los ojos del Maharshi parecen traer una confirmación de "ello".»

Durante algún tiempo había permanecido Mouni Sadhu en éxtasis. Aun cuando la vuelta al estado normal de conciencia traía consigo la inquietud, ya nada volvería a ser como antes. Sadhu había encontrado el camino.

Es necesario decir una vez más que todo el mundo se sentía gratamente, impresionado por el aspecto exterior del Maharshi, especialmente por sus luminosos y acariciadores ojos. Mouni Sadhu señala:

«Su rostro está lleno de inspiración, de una serenidad y potencia extraterrenas, de infinita comprensión y dulzura. Los grandes ojos oscuros semejan contemplar el infinito, por sobre las cabezas de todos los presentes, sin parecer concentrarse en nadie en particular pero penetrando hasta lo más recóndito de cada corazón. Esto es lo que se siente cuando uno los mira. Es en verdad difícil no sumergir nuestra mirada en esos ojos cuando estamos cerca del Maharshi. Él reina en silencio sobre esa variada multitud y es el foco de tan diversos sentimientos humanos.

»Los caminos de nuestro pensamiento se transforman aquí; nuevas ideas entran en el campo de nuestra conciencia. La atmósfera de absoluta pureza y paz constantemente irradiada por el Sabio compele a cada uno de nosotros a examinar y verificar, por así decirlo, nuestras creencias y opiniones; pero ello se produce de modo espontáneo, sin esfuerzo de nuestra parte; no es algo impuesto, sino simplemente el resultado de una súbita amplificación de la conciencia. Este proceso interior va acompañado por un sentido de gran felicidad. No es pasividad de la mente, el *dolce far niente* que dicen los italianos; nada de eso; este estado es, por decirlo así, nuestro derecho de nacimiento, ganado por una larga práctica de concentración y purificación de todos los residuos de pensamientos mundanos. En presencia del Maharshi, este proceso se hace libre y natural. Deja de ser trabajo y faena, esfuerzo sin certidumbre de éxito, como lo es a menudo.»

En su libro *Hacia la paz del hombre,* Sadhu hace constantemente referencia al agradable y trascendental aspecto del Maharshi.

«El Maharshi tiene un extraño poder para suscitar amor en el corazón de todos; esta devoción eleva a sus discípulos, levantando incalculablemente el nivel de sus vidas, capacitándolos para tocar a la forma más pura de esa energía y poder que es acaso el creador del universo. El amor y devoción por el Santo no tiene ninguna de las feas cualidades de un amor ordinario, como los celos, el afán posesivo, la exclusividad, el hechizo de las apariencias externas, la incertidumbre, el desengaño y, sobre todo, el dolor de la separación. Allí el devoto amor por el Maestro no pide nada a cambio. Solo pide la gracia de la total entrega, de entrar en unidad con el objeto perfecto que todo lo penetra.»

Luego, a propósito de la sonrisa del Sabio, agrega:

«Nunca vi y sin duda jamás veré en ninguna otra faz una sonrisa tan inefablemente maravillosa como la del Maharshi. Pureza inmaculada, amor por todos, sabia comprensión de nuestras imperfecciones y deficiencias, todo esto y mucho más había en aquella sonrisa; algo que las palabras no pueden expresar. Una belleza trascendente se refleja en su forma física. Solo quienes lo han visto lo comprenden.»

Después de un tiempo, Mouni Sadhu abandonó al Maestro, pero únicamente lo abandonó físicamente, pues el Sabio de Arunachala permanecería por siempre en su agradecido corazón.

PAUL BRUNTON

Es el testimonio de Paul Brunton (magnífico filósofo orientalista) el más interesante que existe sobre el Ramana Maharshi, razón por la que nos extenderemos sobre él más que sobre los anteriores.

Después de un minucioso viaje por toda la India —que dio como fecundo resultado la redacción de un excelente libro llamado *La India secreta*—, Paul Brunton visitó al Maharshi.

«El diván se encuentra a unos pocos pasos de una ventana alta y ancha, en el muro más alejado de la puerta. La luz cae de lleno sobre el Maharishee; puedo observar su perfil distintamente, pues está sentado y su mirada pasa a través de la ventana, en la misma dirección que seguimos nosotros esta mañana. No mueve la cabeza, por lo que, creyendo ponerme delante de sus ojos y saludarlo al ofrecer las frutas, me acerco suavemente a la ventana, coloco mi presente delante de él y me retiro un paso o dos.»

Paul Brunton observa la estancia y todos sus detalles y objetos. Dobla una manta sobre el suelo y se sienta sobre ella. Un profundo silencio invade la sala. El Sabio no da ninguna señal de haber notado la presencia del filósofo. Sus ojos continúan perdidos en el horizonte. Transcurre el tiempo.

«Hay algo en este hombre que retiene mi atención, como un imán atrae las limaduras de hierro. No puedo apartar la vista de él. Mi turbación inicial, mi perplejidad, cuando me vi completamente ignorado, ceden lentamente, mientras esta extraña fascinación empieza a apoderarse de mí.»

Paul Brunton comienza a experimentar en sí mismo una paz poco común, hasta tal punto que incluso se disipan de su mente las preguntas que traía cuidadosamente preparadas para ser formuladas al Maestro.

«¡Qué pequeñas parecen esas cuestiones que me he planteado con tanta frecuencia! ¡Qué despreciable aparece ahora el panorama de los años perdidos! Con repentina claridad percibo que el intelecto crea sus propios problemas y después se siente miserable al intentar resolverlos. Ciertamente, este es un concepto nuevo en el cerebro de un hombre que hasta ahora daba tan alto valor al intelecto.»

Si bien ese mismo día Brunton no formula ninguna pregunta, a fin de no romper la inmensa serenidad que siente en su espíritu, sí lo hace posteriormente. La primera visita del occidental versa sobre las posibilidades de obtener la iluminación. El Maharshi responde:

«Usted dice yo, yo quiero saber. Dígame, ¿quién es yo?»

Brunton continúa preguntando, y el Sabio insiste:

«¡Pero ese es solo su cuerpo! Le pregunto nuevamente: ¿quién es usted?»

Ante el silencio que produce el desconcierto de Brunton por la pregunta del Sabio, este agrega:

«Conozca usted primero ese yo y entonces conocerá la verdad.»

Y luego:

«Solo hay una cosa que hacer. Mire usted dentro de usted mismo. Hágalo de manera correcta y usted encontrará la respuesta a todos sus problemas.»

Se suceden las preguntas. Brunton interroga al Maestro sobre el tiempo necesario para lograr la iluminación. El Santo responde:

«Todo depende de la madurez mental del que busca. La pólvora prende con la menor chispa, pero el carbón requiere mucho tiempo para empezar a arder.»

A continuación, Brunton pregunta sobre los destinos del mundo. Cuando el filósofo occidental duda de la paternal vigilancia del mundo, el Maharshi dice:

«Como usted es, así es el mundo. Sin entenderse a sí mismo, ¿qué utilidad puede haber en comprender el universo? El que busca la verdad no necesita preocuparse por eso. La gente desperdicia sus energías en esas cuestiones. Primero, encuentre usted la verdad que está detrás de su propio yo; entonces estará usted en mejor posición para comprender lo que está detrás del cosmos, del cual usted mismo es parte.»

En días sucesivos Brunton inspecciona el lugar y visita el templo. Más adelante se ve de nuevo impresionado por los ojos del Maharshi, como solía suceder a todos aquellos que le visitaban.

«Sus ojos miran inmóviles hacia el otro extremo de la sala. Aquella extraña fijeza de la mirada es tan apasionante como siempre.»

Brunton empieza a experimentar la beneficiosa influencia que parece emanar del silencio del Maestro.

Entabla diversas conversaciones con él y empieza a comprender el significado del hombre y de la vida, aunque de momento todo es confuso y desconcertante. Se da además la circunstancia de que Brunton no alcanza a entender la forma de llegar hasta el centro mismo del Sabio. Algo se interpone entre ambos. El Maharshi, por otra parte, le causa cierta sensación de temor o respeto. Finalmente, no satisfecho consigo mismo, Brunton tiene que continuar su viaje y llega el día de la despedida. Pero antes, en un intento desesperado de obtener la verdad, Brunton pregunta de nuevo. El Santo dice:

«Un hombre debe renunciar al egoísmo que une su personalidad a este mundo; prescindir del falso yo es la verdadera renunciación.»

Paul Brunton, insistente, desea saber más, y el Maharshi explica:

«Debe preguntarse: "¿Quién soy yo?". Esa investigación le conducirá finalmente al descubrimiento de algo en usted que está más allá del alma. Resuelva ese gran problema y habrá resuelto todos los otros.»

Y más adelante agrega:

«La auténtica naturaleza del hombre es la felicidad. La felicidad es innata en el yo. La búsqueda de la felicidad es la búsqueda inconsciente del Yo. El yo es imperecedero; en consecuencia, cuando un hombre lo encuentra, halla una felicidad sin término.»

La conversación sigue adelante. Escéptico, Brunton pregunta ahora:

«¿Qué es exactamente ese yo del que usted habla? Si lo que usted dice es cierto, debe existir otro yo en el hombre.»

El Maharshi responde:

«¿Puede un hombre poseer dos identidades, dos egos? Para entender esto es necesario que se analice a sí mismo. Se ha acostumbrado durante mucho tiempo a pensar como lo hacen los demás, nunca se ha enfrentado con su verdadero yo de manera adecuada. No posee una representación correcta de sí mismo; durante mucho tiempo se ha identificado con el cuerpo y el cerebro. En consecuencia, le digo que prosiga esa investigación: ¿quién soy yo?»

Prosigue el diálogo y, después de determinadas preguntas y contestaciones, el Santo dice:

«La comprensión de la verdad es la misma para los hindúes y los europeos. Admito que el camino para ella puede ser más duro para los que están aprisionados por la vida mundana, pero aun entonces se puede y debe conquistar. Es factible mantener mediante el hábito la corriente inducida por la meditación. Entonces uno puede llevar a cabo su trabajo y efectuar sus actividades dentro de esa misma corriente sin interrupción. Además, así no habrá diferencia entre la meditación y la actividad externa. Si reflexiona en esa cuestión, ¿quién soy yo?; si empieza a percibir que no es ni su cuerpo, ni su cerebro, ni sus deseos, esa misma actitud investigadora arrancará para usted la respuesta de las profundidades de su propio ser, llegará por sí misma, como una profunda comprensión.»

Aunque impresionado por la persona del Maharshi, Brunton le abandona sin haber obtenido más luz interior de la escasa que tuviera cuando fue a visitarlo. Ha permanecido varias semanas en compañía del swami, pero no ha captado definitivamente su mensaje ni el contenido de su doctrina. La despedida es cuando menos emocionante, pero Paul Brunton decide continuar su viaje a lo largo de ese país milenario y con sabor a misterio que es la India.

El camino hacia la salvación es largo y espinoso, y Brunton únicamente se encuentra en el punto de partida. Sin embargo, una poderosa voz interior le ordena volver junto al Sabio de Arunachala, y así, tiempo después, regresa junto al Maharshi. Ahora la actitud mental del filósofo occidental es bien diferente; quizá se encuentra más perdido y confuso que nunca, demasiado extenuado para luchar contra sus propios fantasmas mentales; más maduro, a pesar de todo.

Transcurren los días. Pasa muchas horas en la sala del Maharshi, meditando, frente a frente consigo mismo, ante el desconocido abismo del Sí-mismo. Más preguntas dirigidas con insistencia al Maestro. No obstante, las palabras, como bien saben los orientales, muy poco representan.

Una nueva verdad empieza a resplandecer en el interior de Brunton, que se despoja de sus anteriores concepciones y propósitos, que sabe que únicamente desnudándose ante sí mismo puede obtenerse la ansiada autorrealización. Finalmente, el milagro ocurre. Brunton halla en su interior la luz que durante tanto tiempo estaba buscando. A los pies del Maestro, protegido por su beneficiosa presencia, entra en *samadhi* durante dos horas. De aquel occidental escéptico cuya mente quería diseccionarlo todo, ya bien poco queda.

«Ha terminado mi aventura de autometamorfosis, pero sé que las vueltas del eje del tiempo me conducirán otra vez aquí. Elevo las manos y junto las palmas de acuerdo con el saludo acostumbrado, murmurando después un breve adiós. El sabio sonríe y me mira fijamente sin decir una palabra».

Impulsados por el profundo deseo de que el lector pueda obtener una imagen fiel de cómo era el Maharshi, nos hemos permitido señalar los anteriores testimonios. Muchas y variadas cosas podemos deducir de ellos. Entre otras, que el Maharshi era un incansable indagador de la verdad interior y del propio Yo; que su postura era honesta y que trataba de permanecer leal a sus creencias; que era uno de las más tenaces místicos de la autorrealización que la India haya podido conocer en los últimos tiempos. Aun para los más escépticos, la personalidad del Maharshi nos resulta singular y atractiva, plena de encanto y de fascinación; no por sus puntos de vista o por su doctrina, por sus concepciones espirituales o sus vividas impresiones anímicas, sino muy principalmente por lo que él en sí mismo representaba. Fue un gigante de la espiritualidad, un infatigable y tenaz buscador del Sí-mismo. ¿Realidad? ¿Ilusión? ¡Quién lo sabe...!

…

TERCERA PARTE

Aforismos de Ramana Maharshi

El Sí-mismo único, la única realidad, es eternamente existente. Si incluso el antiguo *rishi* Dakshinamurti lo reveló mediante la elocuencia sin palabras, ¿quién iba a poder comunicarlo a través de las palabras?

* * *

La realidad es a la vez Ser y Consciencia. Conocer Aquello es ser Aquello en el corazón, trascendiendo los pensamientos. La entrega absoluta al Señor Supremo, mediante la cual el yo y lo mío son destruidos, es el único medio para realizar la inmortalidad. El Ser Supremo, el único último Causante del Universo, se manifiesta como muchos que no existen aparte de Él. Destruir el ego y SER el Sí-mismo es el supremo método para el logro.

* * *

Para aquel que es uno con el Sí-mismo sin formas, todo es sin forma. La existencia del mundo es meramente relativa. El mundo es en realidad sinónimo de la mente.

Puesto que es el conocimiento el que ilumina el mundo, es el que precede a este. Solo es real aquel Conocimiento que permanece siempre inmutable. La devoción que hace uso de nombres y formas es solo un vehículo para percibir nuestra absoluta identidad con el Sin-nombre y Sin-forma.

* * *

El autoconocimiento, mediante el cual tanto los fenómenos como los conocimientos relativos se disuelven, es el único Conocimiento verdadero, ya que el Sí-mismo es la Fuente de todo. Conocer todo lo demás excepto el Conocedor, es tan solo ignorancia. El Sí-mismo, representando el conocimiento absoluto, ni es conocer ni no-conocer. Nunca puede ser la ignorancia. Ya que el Sí-mismo es uno y universal, el conocimiento de la multiplicidad no es más que ignorancia, la cual también no es aparte del Sí-mismo.

* * *

Puesto que el pasado y el futuro nunca han estado sin el presente, el conocer el Ahora eterno es conocer la Verdad. El Sí-mismo inmutable e infinito trasciende el tiempo y el espacio, que son relativos al cuerpo y la mente. El sabio que ha realizado el Sí-mismo trasciende tanto la libre voluntad como el destino, cosas que solo preocupan a los ignorantes. Para los ignorantes, el yo es el Sí-mismo limitado al cuerpo. Para los sabios, el yo es el Sí-mismo infinito.

* * *

El ego es un fantasma sin ninguna forma propia, pero que se alimenta de cualquier forma que toma. Cuando lo buscamos, huye. Puesto que con la aparición del ego todo lo demás surge y con su cesación todo cesa, destruir el ego mediante la investigación del Sí-mismo es la única renunciación verdadera. El Ser autoconsciente de su carencia de «yo» es el Aquello que es el verdadero estado de uno mismo, conseguido mediante la destrucción del ego a través de la investigación del Sí-mismo.

* * *

Un hombre debe someter su egoísmo personal que le encadena al mundo. Someter el falso yo es renunciación. Fijar un horario para la meditación es solamente para los novicios espirituales más principiantes. Un hombre que avanza empezará a gozar de la beatitud más profunda tanto si está en una como en otra actividad. Cuando sus manos están en la sociedad, su cabeza permanece fresca en la soledad.

* * *

Tenéis que formularos la pregunta: «¿Quién soy yo?». Esta investigación al final conducirá al descubrimiento de algo dentro de ti que está detrás de la mente. Resuelve este gran problema y con ello resolverás todos los otros problemas. La verdadera naturaleza del hombre es la felicidad. La felicidad es intrínseca al Sí-mismo. Su búsqueda de la felicidad es una búsqueda inconsciente para su verdadero ser. El verdadero ser es imperecedero. Por lo tanto, cuando un hombre lo halla, encuentra una felicidad que no tiene fin.

* * *

Para aquel que ha realizado el estado de Perfecto Ver, que es en realidad el gozo indescriptible e inherente del Ser Absoluto, nada más queda por alcanzar. El Sí-mismo es uno y el conocimiento del Sí-mismo es único en el sentido de que el Sí-mismo conocedor es él mismo el Sí-mismo conocido. No puede nunca ser un objeto conocido ni no conocido.

* * *

Tú dices que esta es la «época de la razón» y que la enseñanza tiene que ser acorde con la razón. Yo pregunto: ¿De quién es el intelecto?». Tendrás que contestar: «Es mi intelecto». Por lo tanto, el intelecto es tu herramienta. Lo utilizas para medir la variedad. Ni es tú mismo ni es algo independiente de ti. Tú eres la realidad inmanente en tanto que el intelecto es meramente un fenómeno. Tienes que encontrarte y cogerte a ti mismo. No hay intelecto en el sueño sin ensueños, ni hay intelecto en un niño. El intelecto se desarrolla con la edad, pero ¿cómo podría haber algún desarrollo o manifestación del intelecto sin su semilla en el sueño o en la niñez? ¿Por qué acudir a la historia para descubrir este hecho fundamental? El grado de la verdad en la historia es el mismo que el grado de verdad que pueda haber en el historiador.

* * *

¿De qué sirven las discusiones sobre el mundo alegando que es real o que es una apariencia ilusoria o que es consciencia o que es inconsciencia, que es feliz o que es infeliz? Todos los seres humanos, sin diferencia, aman el estado sin ego, que es conquistado al dar la espalda al mundo y al conocer el Sí-mismo inmaculado y real, que trasciende todas esas aseveraciones sobre su unidad o su multiplicidad.

* * *

Este mundo que estás intentando comprobar si es real, está siempre riéndose de ti por intentar conocerlo sin primero conocerte a ti mismo. ¿Cómo podría el conocimiento de los objetos surgiendo de la existencia relativa, para aquel que no conoce la verdad sobre sí mismo —el conocedor—, ser conocimiento verdadero? Si uno conoce correctamente la verdad del que llama «yo», en el que residen tanto el conocimiento como su opuesto, entonces cesarán la ignorancia y el conocimiento relativo.

* * *

El mundo y la mente surgen y se superponen como uno, pero de los dos, el mundo debe su apariencia exclusivamente a la mente. Solo es real Aquello donde esta pareja inseparable aparece y desaparece. Aquella realidad es la única Consciencia Infinita que ni aparece ni desaparece.

* * *

El mundo no es otro que el cuerpo; el cuerpo no es otro que la mente; la mente no es otra que la Conciencia

Primaria; la Conciencia Primaria no es otra que la Realidad, y esta existe inmutable e inalterada.

* * *

El mundo no es más que las cinco sensaciones, es decir: sonido y las restantes; de tal manera que el mundo consiste en los objetos de los cinco sentidos, la mente individual toma consciencia de estos cinco tipos de sensaciones a través de los cinco sentidos y, al ser así, ¿cómo podría el mundo ser otra cosa que la mente?

* * *

¿Dónde están el tiempo y el espacio aparte del sentido del «yo»? Si nuestra verdadera naturaleza fuera solo corporal, entonces se podría decir que estamos en el tiempo y el espacio, pero ¿acaso somos un cuerpo? Somos el mismo en todos los tiempos y en todos los lugares, por lo que somos aquella realidad que está allende el tiempo y el espacio.

* * *

Cuando surge el sentido de «yo soy el cuerpo», entonces surgen las ideas de «tú» y «él»; pero cuando el sentido del «yo» es anulado a través de la búsqueda de la Verdad detrás del «yo», entonces las ideas de «tú» y «él» también cesan. Aquello que entonces brilla como el Único Restante es el verdadero Sí-mismo.

* * *

Si el Sí-mismo fuera con forma, en tal caso el mundo y Dios también lo serían; pero si el Sí-mismo es sin forma, en tal caso, ¿cómo y por quién son vistas las formas? ¿Acaso alguna vez es el espectáculo otra cosa que el ojo que ve? El verdadero Ojo es justamente el Sí-mismo real. Es la Conciencia Infinita sin forma y sin sustancia.

* * *

Si el ojo que ve es el ojo de la carne, en tal caso se ven formas burdas; si el ojo es auxiliado con determinados tipos de lentes, entonces incluso cosas invisibles pueden ser vistas con forma; si el ojo que ve es el ojo de la mente; entonces se ven formas sutiles. Por lo tanto, el ojo que ve y los objetos vistos son de la misma naturaleza; es decir, si el ojo es él mismo una forma, no ve otra cosa que forma. Pero ni el ojo físico ni la mente tienen ningún poder de visión propia. El verdadero Ojo es el Sí-mismo. Como Él es sin forma, al ser la Consciencia pura e infinita (la Realidad), Él no ve formas.

* * *

La mente no es más que el río de pensamientos deslizándose sobre la Conciencia. De todos estos pensamientos, el primero es el pensamiento de «yo soy este cuerpo». Tal es un pensamiento falso, pero debido a que se toma como verdadero, hace posible el surgimiento de todos los otros pensamientos. Así pues, la mente es un derivado originado en la ignorancia primaria y, por lo tanto, es irreal.

* * *

«¿Por qué soy ignorante si soy eterno y perfecto?» Contestación: «¿Quién es ignorante? El verdadero Sí-mismo no se queja de ser ignorante. Es el ego el que formula tales quejas y también es él el que hace preguntas. El Sí-mismo no efectúa ninguna pregunta. Tal ego ni es el cuerpo ni el verdadero Sí-mismo, pero es algo que surge entre los dos. En el sueño profundo no hay ego y no se tiene sentido ni de perfección ni de ignorancia durante tal estado. Así pues, el ego mismo es la imperfección y la ignorancia. Si buscas la verdad del ego y así encuentras el verdadero Sí-mismo, hallarás que no hay ignorancia».

* * *

La dificultad estriba en que el hombre cree que es el hacedor, pero es un error. El Poder más Alto es el que hace todo y el hombre es el instrumento. Si acepta esta posición, está libre de problemas. De otro modo, los corteja. Toma como ejemplo la figura en la base de la torre del templo, que está construida para que parezca que ella soporta el peso del templo sobre sí mismo. Su apariencia y su actitud representan un gran esfuerzo al simular que soportan tan gran peso. Pero piensa. La torre está construida sobre la tierra y descansa sobre sus cimientos. La figura es parte de la torre. ¿Es gracioso, verdad? De la misma forma es el hombre que se apropia del sentido de hacer.

* * *

Si investigas si existe la mente, sabrás que la mente no existe. Tal es el control de la mente. De otro modo, si la mente es tomada como existente y uno intenta controlarla, significa la mente controlando la mente, como el ladrón que se hace policía para escapar del ladrón que es él mismo.

* * *

Este cuerpo insensible no dice «yo». Sin embargo, nadie dice «yo no existí en el sueño». Pero estos argumentos sobrevienen solamente después de que surge el ego. Busca, por lo tanto, la fuente de donde surge el ego al concentrar la mente sobre la Búsqueda.

* * *

Los *shastras* (textos sagrados) se vuelven inútiles cuando su esencia es realizada. Las Escrituras son útiles para indicar la existencia del Poder más Alto (el Sí-mismo) y la manera de alcanzarlo. Eso es todo. Cuando la esencia es asimilada, lo demás es inútil. Al avanzar en la escalada, el aspirante descubre que las posiciones que ha superado son escalones hacia una etapa más alta, y así sucesivamente. Cuando la meta es alcanzada, solo esta permanece y todo lo demás se le torna inútil para el aspirante. Es en este nivel cuando los *shastras* se vuelven inútiles.

* * *

Diez hombres ignorantes cruzaron un arroyo y, al alcanzar la otra orilla, se contaron y descubrieron que solamente eran nueve. Empezaron a preocuparse y a lamentar la pérdida del décimo hombre desconocido. Un vagabundo, dándose cuenta de la causa de su dolor, descubrió que cada uno había olvidado contarse a sí mismo y les propinó una bofetada a cada uno de ellos y les instó a que contaran de nuevo. Contaron entonces diez y se sintieron satisfechos. El décimo hombre no era una nueva adquisición. Siempre estuvo allí y solamente la ignorancia los había equivocado y causado su dolor. Lo mismo sucede con el hombre y su Sí-mismo. No hay nada que deba adquirirse de nuevo. El Sí-mismo está siempre aquí y ahora. Debido a la falsa asunción de limitaciones, hay una necesidad de trascenderlas. Además, si fuese algo a adquirir de nuevo implicaría su previa ausencia. Lo que ha estado ausente una vez, puede ausentarse de nuevo, en cuyo caso no habría permanencia en la Liberación.

* * *

¿Quién es el que dice que el Yo no es perceptible? ¿Acaso hay un yo ignorante y un yo evasivo? ¿Acaso hay dos yoes en la misma persona? Es la mente la que dice que el yo no es perceptible. ¿Dé dónde viene tal mente? Conoce la mente. Descubrirás que es un mito.

* * *

Tu sueñas en tus sueños, mientras estás acostado en tu cama en Tiruvannamalai, que te encuentras en otra ciudad, que te resulta real. Tu cuerpo está ahí y tú estás sobre tu cama en una habitación. ¿Puede una ciudad entrar en una habitación? ¿O puedes tú haber dejado el lugar y desplazarte a otro sitio dejando el cuerpo en la habitación? Ambas cosas son imposibles. Por lo tanto, estar tú aquí, como el ver otra ciudad, son irreales, aunque se presenten como reales a la mente. El «yo» del sueño ha desaparecido al despertar y entonces otro «yo» habla del sueño, pero este segundo «yo» no estuvo en el sueño. Ambos yoes son irreales. Lo que está es el sustrato de la mente que continúa siempre dando lugar a tantas escenas diferentes. Con cada pensamiento surge el «yo» y con su desaparición también cesa el «yo». Así pues, en cada momento, los yoes están naciendo y muriendo. La mente subsistente es el verdadero problema.

* * *

Incluso la formulación de que «la dualidad es real en tanto uno se esfuerza en alcanzar la meta, pero que una vez alcanzada la meta no hay dualidad», no es en absoluto correcta. ¿Quién si no el décimo hombre fue el que en la parábola se buscaba a sí mismo ansiosamente y se encontró a sí mismo?

* * *

Tú dices que el sueño sin ensueños carece de toda consciencia cuando despiertas, pero no lo dices durante el sueño mismo. Es tu mente la que ahora dice que el sueño profundo carece de consciencia. Pero la mente no estuvo en tu sueño profundo y es natural que la mente ignore la consciencia que existió durante el mismo. Al no haber experimentado el sueño, no es capaz de recordar y comete errores a propósito de él. El estado de sueño profundo está más allá de la mente.

* * *

El Sí-mismo, que es Consciencia, es la única realidad y nada más. Todo otro conocimiento así llamado, que es múltiple, es tan solo ignorancia. Esta ignorancia es irreal, puesto que no tiene existencia propia. No tiene existencia aparte de la Consciencia que es el Sí-mismo, de la misma manera que las joyas hechas de oro no tienen existencia aparte del oro.

* * *

El verdadero *siddhi* (poder) es el Estado Natural de uno mismo en el que uno es verdaderamente el Sí-mismo y que es alcanzado al reconocer el Sí-mismo que uno siempre fue. Los otros *siddhis* son similares a los que se obtienen durante un sueño. ¿Acaso alguna cosa obtenida en un sueño permanece como real al despertar? ¿Acaso el sabio que ha eliminado toda falsedad, puede, al fijarse en lo real, ser engañado por ella?

* * *

Para aquel que está firmemente establecido en el Estado Natural, más allá del cambio, sin consciencia de diferencias, sin pensamientos de «Yo soy uno» y «él es otro», ¿quién hay sino el Sí-mismo? Si alguien dice algo acerca de él mismo, ¿qué le importa? Para él es lo mismo que si lo dice él mismo.

* * *

Aquel que olvida el Sí-mismo al tomar por tal el cuerpo físico pasa a través de innumerables nacimientos y es como uno que peregrina por todo el mundo en un sueño. La percepción del Sí-mismo será como despertar de ese peregrinaje a través de su sueño.

* * *

UNO QUE se pregunta «¿quién soy yo y dónde estoy yo?», a pesar de existir siempre como el Sí-mismo, es como el hombre borracho que pregunta por su identidad y dónde está.

* * *

SI BIEN el cuerpo está en el Sí-mismo, aquel que piensa que el Sí-mismo está en el cuerpo insensible es como el que considera que el lienzo de un cuadro está dentro del cuadro.

* * *

LA GRACIA está dentro de ti. Si estuviese fuera, sería inútil. La gracia es el Sí-mismo. No es algo que deba ser tomado de los otros. Lo único necesario es que sepas de su existencia dentro de ti. Nunca estás fuera de su funcionamiento. La gracia siempre está aquí, pero no se manifiesta al estar oculta por la ignorancia. Con *sradha* (la honra a lo Divino) se manifestará. Las palabras *Sradha, Gracia, Luz, Espíritu,* son sinónimos del Sí-mismo.

* * *

LA MEDITACIÓN necesita un objeto para aplicarse, en tanto que *vichara* o introspección solo exigen el sujeto sin el objeto. De este modo se diferencia el *vichara* de la meditación. *Vichara* es el proceso y también la meta. «Yo soy» es la meta y la última realidad. Mantenerse en este puro Ser con esfuerzo es *vichara*. Cuando es espontáneo y natural es Realización.

* * *

La propia duda: «¿Puedo yo alcanzar la Realización?», o bien la sensación: «Yo no he alcanzado la Realización», son los obstáculos para la Realización. La Realización no es algo a alcanzarse de nuevo. El Sí-mismo ya está realizado. Lo único que es necesario es eliminar el pensamiento «yo no he realizado».

* * *

Si tomas lo visto como una entidad independiente, independiente del Sí-mismo, es irreal. Lo visto no es diferente del que ve. Lo que existe es el único Sí-mismo, y no un Sí-mismo y lo que es visto. Si lo visto se toma como el Sí-mismo, entonces es real.

* * *

Desde otro punto de vista, no hay tal cosa como lo irreal. Solo existe el Sí-mismo. Cuando intentes seguir las huellas del ego, basado en que todas las cosas y todo el mundo existen, descubres que el ego no posee existencia en absoluto, ni tampoco todo lo fenoménico.

* * *

La renunciación y la realización son lo mismo. Son diferentes aspectos del mismo estado. Abandonar lo que no es el Sí-mismo es Realización. Residir en el Sí-mismo es *jnana* o sabiduría. Uno es el aspecto negativo y el otro es el positivo de la misma única verdad.

* * *

De la misma forma que buscas confirmación sobre las experiencias del estado de vigilia mediante aquellos seres que ves durante ese estado tienes que buscar confirmación sobre las experiencias de los sueños mediante aquellos a los que viste en tus sueños, o sea, cuando estuviste en el sueño. En el sueño, aquellos que soñaste darían su confirmación. Lo que trato de decirte y señalar es si al despertar ¿estarías dispuesto a afirmar la realidad de alguna de tus experiencias obtenidas mediante el sueño? De la misma manera el que ha despertado en *jnana* (sabiduría) no puede afirmar la realidad de las experiencias del estado de vigilia. Desde su punto de vista, el estado de vigilia es un sueño.

* * *

El silencio es de cuatro clases: silencio de palabra, silencio del ojo, silencio del oído y silencio de la mente. Solamente este último es el silencio puro y el más importante. Tal como demostró Dakshinamurti, el comentario del silencio es el mejor comentario. Solo el silencio es la palabra eterna, la palabra única, la Conversación de Corazón a Corazón.

* * *

El silencio es como el fluir uniforme de la corriente eléctrica. El hablar es como obstruir la corriente que hace posible la iluminación eléctrica y otros propósitos. Por mucho que un *jnani* (sabio) pueda hablar, él es siempre el Silencioso. Por mucho que pueda trabajar, él es siempre el Quieto. Su voz es la voz incorpórea. Su caminar no es sobre la tierra. Es como medir el espacio; es como medir el cielo.

* * *

La gracia del *guru* (guía) está siempre presente. Tú imaginas que es algo lejano, allá arriba en el cielo, que tiene que descender, cuando en realidad está dentro de ti, en tu corazón; y en el momento en que logras fundir la mente en su fuente, la gracia emana como un torrente desde dentro.

* * *

Cuando un aspirante alcanza un cierto nivel y está maduro para la iluminación, el mismo Dios que está adorando deviene como *guru* y le ayuda en el camino. El guru solamente viene para decirle: «Dios está dentro de ti mismo. Bucea en tu profundidad y realiza». Dios, *guru* y el Sí-mismo son todos iguales.

* * *

El *Bhagavad-Gita* dice: «El hombre sabio pensará que los sentidos se mueven entre los objetos de los sentidos y permanecerá desapegado de las actividades de estos órganos sensoriales». Yo iría más allá y diría que el *jnani* (sabio) no piensa ni eso. Él es el Sí-mismo y no ve nada aparte de Sí-mismo. Lo que el *Gita* dice en esa contestación es para el practicante.

* * *

PARA VER UN OBJETO que está en la oscuridad, son necesarios tanto el ojo como la luz de una lámpara. Para ver la luz solamente, el ojo es suficiente. Pero para ver el sol no hay necesidad de otra luz. Nuestro intelecto o *buddhi* no sirve para percibir el Sí-mismo. Para ver el mundo de los objetos exteriores, son necesarios la mente y la luz reflejada que siempre surge con ella. Pero para ver el Sí-mismo solo hace falta girar la mente hacia dentro y no hace falta luz reflejada.

* * *

EL YO se desprende de la ilusión de yo y, sin embargo, permanece Yo. Para ti esto será como una paradoja, pero no para el *jnani* (sabio). Toma el caso de un *bhakta* (devoto). Su Yo reza al Señor para unirse a Él, al que hace objeto de su entrega. Lo que persiste como residuo después de esta entrega, es el eterno Yo, que es el absoluto Yo o *Paramatman*. ¿Qué pasó con el yo que estaba originalmente rezando? ¿Adónde fue? Al ser irreal, simplemente desapareció.

* * *

CADA PLANO tiene su propia ilusión, que puede ser destruida solo por otra ilusión en el mismo plano. Por ejemplo, un hombre come hasta saciarse y se va a la cama. Él sueña que tiene hambre a pesar de que la comida material está en su estómago. Para satisfacer su hambre en el sueño, tiene que comer alimento soñado. De la misma manera la ilusión de la ignorancia solo puede ser destruida por la ilusión de la enseñanza del Maestro. *Mukti* o liberación está siempre presente y las ligaduras siempre ausentes. Sin embargo, la experiencia universal es lo inverso.

* * *

Conocer el Sí-mismo es ser el Sí-mismo y *ser* significa existencia —la existencia propia—, que nadie niega, de la misma manera que nadie niega sus propios ojos aunque no los pueda ver. El problema está en tu deseo de objetivar el Sí-mismo, de la misma forma que objetivas tus ojos cuando pones un espejo delante de ellos. Estás tan acostumbrado a objetivar que has perdido el conocimiento de ti mismo, simplemente porque el Sí-mismo no puede ser objetivado. ¿Quién es el que puede conocer el Sí-mismo? ¿Puede conocerlo el cuerpo insensible o la mente? Todo el rato tú hablas y piensas «yo, yo, yo», pero cuando se te somete a preguntas, niegas que conoces tu propio ser. Tú eres el Sí-mismo.

* * *

Los hombres hablan de visiones divinas y, sin embargo, las pintan de diferentes maneras, con el testigo, él mismo dentro de la escena. Incluso los hipnotizadores pueden inducirte a ver extrañas escenas y fenómenos, y tales los calificas como trucos e ilusiones, a pesar de que aquellas (las visiones divinas) las calificas como algo divino. ¿Por qué esta diferencia? El hecho es que todo lo visto es irreal, tanto si proviene de los sentidos como de la mente como conceptos puros. Esta es la verdad.

* * *

El conocimiento subjetivo —el conocimiento que se conoce a sí mismo— es *jnana* (sabiduría). Es entonces cuando el sujeto, que es el conocedor, el objeto, que es lo conocido, y el conocimiento, que los conecta, son uno. El conocimiento es la luz que conecta al veedor con lo visto. Supón que vas en busca de un libro de la biblioteca en la oscuridad total. ¿Puedes encontrarlo sin una luz aunque tú, el sujeto, y el libro, el objeto, estéis presentes? La luz también tiene que estar presente para conectar al sujeto con el objeto. Tal conexión en cada experiencia es *chit*, la consciencia; es el sustrato, además del testigo, de todas las experiencias.

* * *

¿Qué es la meditación sino la repetición mental de un concepto? Es una *japa* (recitación) mental. Comienza por las palabras y termina en el silencio del Sí-mismo. La meditación y el control de la mente son interdependientes. De hecho, la meditación incluye el control de la mente, la sutil vigilancia que impide los pensamientos intrusos. Al principio, los esfuerzos consisten más en controlar la mente que en meditar en sí mismo, pero con la práctica surge la meditación natural sin esfuerzos.

* * *

En el sueño profundo estás enteramente libre de los pensamientos, porque el pensamiento «yo» está ausente. En el momento en que el pensamiento «yo» surge al despertar, todos los otros pensamientos surgen espontáneamente. La manera más sabia de proceder es por lo tanto la de retener el pensamiento primario, o sea, el pensamiento del «yo», y analizarlo: ¿Quién es y qué es? Y no dando lugar de esta manera a que ningún otro pensamiento te distraiga. Ahí reside el verdadero valor del *Vichara* y de su eficacia.

* * *

¿Qué es la consciencia del cuerpo? Es el cuerpo insensible más consciencia. Ambos deben residir en otra consciencia que es absoluta e inafectada y siempre permanente, con o sin consciencia del cuerpo. ¿Qué importa, pues, si se retiene o se pierde la consciencia del cuerpo si uno se mantiene en la Conciencia Pura? No hay ninguna diferencia en el conocimiento del Supremo.

* * *

¿Para qué llevar tu fardo en la cabeza cuando está viajando en un tren? El tren te lleva a ti y también tu fardo. No importa si el fardo está sobre tu cabeza o en el suelo del tren. No estás reduciendo el peso del fardo al llevarlo sobre la cabeza, sino solo esforzándote innecesariamente. Similar es el resultado de tu sentido de hacedor en el mundo.

* * *

CON RESPECTO al significado del nombre Rama, el *Ra* significa el Sí-mismo y el *ma,* el ego. Al repetir continuamente Rama, el *ma* desaparece, fundiéndose con el *Ra,* y entonces solo permanece *Ra*. En ese estado no hace falta un esfuerzo consciente para lograr la meditación *(dyana),* porque *dyana* está siempre presente, ya que es nuestra naturaleza real.

* * *

QUIERES CONOCER el pasado, lo que fuiste y lo que serás en el futuro. Existes ahora y, sin embargo, no conoces el presente. Tanto ayer como mañana solo son en referencia a hoy. Ayer fue llamado hoy en su momento y mañana será llamado hoy cuando llegue mañana. Hoy es siempre presente. Lo que es siempre presente es la existencia pura. No tiene ni pasado ni futuro. ¿Por qué no intentas descubrir la verdadera naturaleza de la presente y siempre presente existencia?

* * *

NO HAY DIFERENCIA entre *jivanmukta* (liberado-viviente) y *videjamukta* (liberado incorpóreo). Para los que preguntan, se les contesta: un *jnani* con un cuerpo es un *jivanmukta* y sobreviene *videjamukta* cuando se desprende del cuerpo. Pero esta diferencia es solo para el observador, no para el sabio. Su estado es igual antes y después del desprendimiento del cuerpo. Vosotros pensáis en el sabio como una forma humana o un ser dentro de esa forma, pero el sabio sabe que él es el Sí-mismo, la única realidad, que está dentro y fuera y que no es limitado por ninguna forma ni apariencia.

* * *

No hay niveles de realización o *mukti*; no hay grados de *jnana* (sabiduría). Así que no puede haber un estado de *jnana* con el cuerpo y otro después del desprendimiento del cuerpo. El *jnani* (sabio) sabe que nada existe excepto el Sí-mismo. Para él, ¿qué diferencia puede provocar la presencia o ausencia del cuerpo?

* * *

Es falso hablar de la realización. ¿Qué hay que pueda ser realizado? Lo real siempre es como es. ¿Cómo puedes hacerlo más real realizándolo? Todo lo que se necesita es lo siguiente: hemos hecho real lo que es irreal, o sea, hemos dado realidad a lo que carece de realidad. Tenemos que abandonar esta actitud. Es lo único necesario para alcanzar el *jnana* (sabiduría).

* * *

La existencia o la consciencia es la única realidad. A la consciencia más el despertar lo denominamos el estado despierto. A la consciencia más sueño con ensueños lo denominamos el estado de consciencia soñando. A la consciencia más sueño profundo lo llamamos el estado de sueño profundo. La consciencia es la pantalla sobre la cual todas las imágenes van y vienen. La pantalla es real y las imágenes son meramente sombras sobre ella. Debido a que estos tres estados los hemos estado considerando como reales por el largo hábito, llamamos al cuarto estado el estado de consciencia pura, pero no hay un cuarto estado, porque solo hay un estado.

* * *

SE DICE que todo el Vedanta se puede condensar en cuatro palabras: *Deham* (identificación con el cuerpo), *Naham* (ausencia de identificación), *Koham* (identificación con los sentidos), *Soham* (sentido de yo soy). El cuerpo no es yo. Si uno pregunta quién soy yo, es decir, si uno pregunta de dónde surge el yo y uno lo realiza, entonces en el corazón de tal buscador, el omnipresente Dios brillará como Yo, con *Sahajan* (estado natural del ser) o *Soham* (sentido de yo soy). Es decir, sabrá quién soy yo.

* * *

EL GOZO que se disfruta inconscientemente en el sueño profundo se disfruta conscientemente en *Turya* (el estado de iluminación). Tal es la diferencia. El *ananda* (gozo) disfrutado durante *jagrat* (estado de vigilia) es *upadiananda* (lo básico), pero no son diferentes *anandas*. Solo hay un *ananda,* incluyendo el *ananda* disfrutado durante el estado de vigilia. El *ananda* de todos los diferentes tipos de seres, desde el animal más ínfimo hasta el brahma más elevado, es, por lo tanto, el *ananda* del Sí-mismo.

* * *

Conócete a ti mismo es lo que usualmente se dice, pero incluso eso no es correcto. Porque si hablamos de conocer el Sí-mismo, tiene que haber dos Sí-mismos: uno que se conoce y el otro que es conocido y el proceso de conocer. El estado que llamamos realización es simplemente ser uno mismo, no conociendo nada ni llegando a ser algo. Si uno ha realizado, él es lo que solamente es y lo que siempre ha sido.

* * *

Yo existo es la única experiencia permanente y evidente de todo el mundo. Ninguna otra cosa es tan evidente como Yo soy. Lo que la gente llama evidente por sí mismo, por ejemplo la experiencia derivada de los sentidos, está muy lejos de ser evidente por sí misma. El Sí-mismo solamente es tal. La evidencia por sí misma es otro nombre para el Sí-mismo. Así que hacer el análisis del Sí-mismo y ser Yo soy es la única cosa que hay que hacer. Yo soy es la realidad. Yo soy esto o aquello es irreal.

* * *

El dicho *upanishádico* Yo soy Brahmán simplemente significa Brahmán existe como yo y no yo soy Brahmán. No hay que suponer que se le aconseja a un hombre repetirse «Yo soy Brahmán, Yo soy Brahmán», de la misma manera que si uno ya sabe que es un ser humano no necesita estar repitiéndoselo. De igual modo, el Sí-mismo es el Sí-mismo y Brahmán existe como «Yo soy» dentro de cada cosa y de cada ser.

* * *

Tienes que dejar de ser los tres tipos de *purusha* (ser espiritual) común, o sea, el *adhama* (sin morada), *madhyama* (sin principio ni fin) y el *uttama* (superior), y convertirte en *purusuttama* (el Ser Supremo, la Mente Cósmica). Primero alcanza este estado y comprueba tú mismo cómo es y si permanece algún torbellino mental en él. Si decimos que el río que desemboca en el océano continúa siendo un río, podemos hablar del último estado de crecimiento espiritual como conteniendo algún torbellino mental.

* * *

No es en absoluto correcto decir que los seguidores de la escuela de *Sankara* niegan la existencia del mundo y que lo denominan irreal, ya que de hecho es más real para ellos que para las restantes personas. Su mundo siempre existirá, en tanto que el mundo de las otras escuelas tendrá su origen, crecimiento y decadencia, y, por lo tanto, no puede ser considerado real. Los seguidores dicen que el mundo como mundo no es real, pero que el mundo como *Brahmán* es real. Todo es Brahmán y nada existe excepto *Brahmán*, y el mundo como Brahmán es real. *Sankara* está diciendo que *maya* (la ilusión) no existe. Aquel que niega la existencia de *maya* y la llama no-existencia, no puede llamarse un *mayavadi* (seguidor de la doctrina del maya).

* * *

No hay ninguna diferencia entre la mente y el Sí-mismo. La mente vuelta hacia el interior es el Sí-mismo; proyectada hacia el exterior se convierte en el ego y todos los fenómenos del mundo. El algodón convertido en varios tipos de ropa recibe distintos nombres, pero toda la ropa sigue siendo algodón. El uno es real en tanto que los muchos son meros nombres y formas. La mente no tiene existencia aparte del Sí-mismo; es decir, que no tiene existencia independiente. El Sí-mismo existe sin la mente; pero jamás la mente existe sin el Sí-mismo.

* * *

Una figura de una persona aparece en la pantalla y observa todo el mundo. ¿Cuál es en tal proyección la realidad de tal observador y de su mundo observado? Un ser ilusorio está observando un mundo ilusorio. Tú y el mundo sois tan reales como la persona de la película y el mundo que está observando en la película.

* * *

La ilusión es ella misma ilusoria. La ilusión tiene que ser vista por uno que está más allá de ella. ¿Puede tal contemplador estar sujeto a la ilusión? ¿Puede él hablar de grados de ilusión? En la película que se proyecta sobre una pantalla podemos ver fuego que convierte edificios en cenizas y trombas de agua que inundan los barcos y les hace zozobrar, pero la pantalla permanece seca y sin arder. ¿Por qué? Porque las imágines no son reales y la pantalla es real. Otro ejemplo: las imágenes se reflejan en el espejo, pero el espejo no es afectado ni por la cantidad ni por la calidad de tales imágenes. De igual modo, el mundo es un fenómeno dentro de la única Realidad, la cual permanece inafectada y es solo una.

* * *

Hablas de una visión de Shiva. Una visión es siempre de un objeto e implica la inexistencia de un sujeto. El valor de la visión es el que le confiere el contemplador; es decir, la naturaleza de la visión se halla en el mismo plano del contemplador. La aparición implica asimismo la desaparición. Lo que surge habrá necesariamente de desaparecer. Una visión jamás puede ser eterna, pero Shiva es eterno.

* * *

La visión implica el que ve. El que ve no puede negar la existencia del Sí-mismo. No hay ningún momento en el que el Sí-mismo como la consciencia deje de existir, ni tampoco puede permanecer el que ve aparte de la consciencia. Esta consciencia es el ser eterno y único. El que ve no puede verse a sí mismo. ¿Acaso niegas la existencia de tus ojos que son los que ven aunque no los ves? ¡No! Por lo tanto, la evidencia del Sí-mismo no consiste en verlo, sino en *serlo*.

* * *

¿Qué es la meditación? Estriba en eliminar los pensamientos. Todos los problemas actuales son debidos a pensamientos y son ellos mismos pensamientos. Renuncia a los pensamientos. Tal es meditación y felicidad. Los pensamientos pertenecen al pensador. Permanece como el Sí-mismo del pensador y así darás fin a los pensamientos.

* * *

Ver el mal en otro es nuestro propio mal. Discriminar entre mal y bien es el origen del pecado. Nuestro propio error se proyecta fuera, y por ignorancia lo superponemos sobre los demás. Lo mejor es obtener aquel estado en el que tal discriminación no surge. ¿Acaso ves lo malo y lo bueno en tu sueño profundo? ¿Acaso dejaste, sin embargo, de existir en tu sueño profundo? Mantente dormido incluso en el estado de vigilia, permaneciendo como el Sí-mismo y permaneciendo incontaminado por lo que te rodea. Tu silencio causará más efecto que tus palabras y acciones. Esta práctica desarrollará la fuerza de voluntad y entonces el mundo se convertirá en el Reino de Dios que habita dentro de ti.

* * *

¿Qué es la Realización? ¿Acaso es el ver un Dios con cuatro manos sosteniendo una concha, un aro, un bastón, etc.? Aun si Dios se apareciese en esa forma, ¿cómo acabaría con la ignorancia del discípulo? Cualquier apariencia de este tipo sería fenoménica e ilusoria; cualquier percepción es conocimiento indirecto o secundario. La Verdad debe comportar una Realización eterna. La percepción directa es una Experiencia siempre presente, para la cual tiene que haber uno que ve (un contemplador). La identificación con el cuerpo está tan enraizada que la visión ante los ojos se considera evidente, en tanto que no lo es el testigo mismo. Solamente el testigo es real y eterno. La Realización consiste en permanecer en el Sí-mismo y en ser el Sí-mismo, y no en ver el Sí-mismo.

* * *

No puedes nunca hallar la mente a través de la mente. Pasa a través de ella para descubrir que es no existente. La mente, el ego y el intelecto son nombres diferentes para un mismo órgano interior. La mente es solo el agregado del pensamiento y los pensamientos no pueden existir sin el ego. Por lo tanto todos los pensamientos tienen el ego como raíz. Busca de dónde surge el Yo y los otros pensamientos desaparecerán.

* * *

El JNANI (sabio) no ve a nadie como *ajnani* (ignorante). Para sus ojos todos son sabios. En el estado de ignorancia uno proyecta su ignorancia sobre un sabio y erróneamente uno lo toma como un hacedor. En el estado de Sabiduría, el sabio no ve nada aparte de sí mismo. El Sí-mismo resplandece como puro Conocimiento. Dos amigos se durmieron uno junto al otro. Uno de ellos soñó que los dos se habían ido de viaje y tenido extrañas experiencias. Al despertarse, se lo contó a su amigo y le preguntó si él también lo había experimentado. El otro amigo le tomó el pelo, ridiculizándolo y señalándolo que ese no había sido su propio sueño y que, por tanto, a él no podía afectarle. De igual modo, el ignorante proyecta sus ideas ilusorias sobre los otros.

* * *

J*NANA CHAKSHUS* (ojo de la sabiduría) no significa que se trata de un órgano de percepción como los otros órganos sensoriales. La televisión, etc., no son funciones de *Jnana Chakshus*. En tanto hay un sujeto y un objeto, el conocimiento solamente es relativo. *Jnana* (sabiduría) reside más allá del conocimiento relativo; es absoluto.

* * *

D*AKSHINAMURTI* observaba el silencio cuando sus discípulos se acercaban a él. Esta es la más elevada forma de iniciación e incluye todas las otras. Para las otras iniciaciones hay que establecer una relación entre discípulo y maestro. El maestro tenía que emanar y el discípulo tenía que recibir. Sin la presencia de los dos, ¿cómo puede haber una mirada o un toque? La iniciación del silencio es la más perfecta, ya que comprende la *presencia*, además de la mirada, el tocar y el enseñar. Purificará al individuo por completo y lo establecerá en la Realidad.

* * *

E*L SILENCIO* es la verdadera instrucción; es la perfecta instrucción espiritual. Es la apropiada para el buscador más avanzado. Los menos avanzados no son capaces de recibir a través de ella una total y plena inspiración y son en tal caso los que necesitan palabras para que les sea explicada la Verdad. Pero la Verdad está más allá de las palabras y no se puede explicar. Solo se puede indicar.

* * *

¿Cuál es el aspecto de la mente con forma y cuál el de sin forma? Cuando te despiertas de un sueño profundo, aparece una luz y esta es la del Sí-mismo atravesando el *mahatattva* (espíritu cósmico). Se la llama Conciencia Cósmica y es sin forma. Esta luz alumbra el ego y se refleja dentro de él. Entonces son vistos el cuerpo y el mundo. Son vistos por la mente con forma. Los objetos aparecen en la luz de esta consciencia reflejada. Esta luz se lama *jyoti*.

* * *

¿Qué es la Autorrealización? Tú eres el Sí-mismo aquí y ahora. Por lo tanto, ¿cómo puedes hablar de conseguirlo? Aquella pregunta demuestra que uno cree que no es el Sí-mismo o que hay dos Sí-mismos: uno que realiza y otro que percibe, pero eso es absurdo.

* * *

Dependiendo del estado en el que uno se halle, así serán las percepciones. En el estado de vigilia, el cuerpo percibe nombres y formas burdos; en el estado onírico, la mente percibe las creaciones mentales bajo sus múltiples formas y nombres; en el estado de sueño profundo, debido a que se pierde la identificación con el cuerpo, hay una carencia de percepciones; igualmente, en el estado trascendental de identificación con Brahmán (el Sí-mismo) se armoniza el hombre con el Todo, donde nada reside aparte de su Sí-mismo.

* * *

Una muñeca de sal que se envuelve en una gabardina y se arroja al mar no tendrá ninguna protección por haber sido envuelta. El cuerpo es como una gabardina y ves objetos al olvidarte de tu propio ser. Pero si te mantuvieras en tu verdadero ser, no verías el mundo objetivo.

* * *

Un niño y un sabio son de algún modo similares. A un niño los acontecimientos le interesan solo en tanto perduran, pero deja de pensar en ellos cuando han concluido, lo que demuestra que no dejan impresión sobre él y que mentalmente no le afectan. Lo mismo sucede con un sabio.

* * *

Algunos han descubierto ciertos efectos y propiedades en pieles como las del tigre, lana, piel de ciervo, etc., y las han expuesto en libros yóguicos. Estas pieles unas son conductoras y otras no de magnetismo, etc. Pero todo ello es irrelevante para la práctica del *jnana-yoga* (yoga de la sabiduría). La verdadera actitud consiste en situarse y permanecer en el Sí-mismo. Esta es la actitud interior, en tanto que las otras son externas y vanas.

* * *

*B*rahmacharya (castidad) quiere decir viviendo en Brahmán. Un verdadero *brahmacharie* (célibe) es el que vive en Brahmán, encuentra gozo en Brahmán, que es el Sí-mismo. ¿Por qué, si es así, tendría que buscar otras fuentes de felicidad? Entre otras muchas ayudas para la realización, el celibato es ciertamente una.

* * *

La realización del Sí-mismo es la máxima ayuda que se puede ofrecer a la humanidad. Por lo tanto, se dice que los santos ayudan mucho aun permaneciendo en los bosques. La ayuda no es visible, pero no por eso deja de existir. Sin que la humanidad lo sepa, un santo ayuda a todos.

* * *

La Consciencia Pura es indivisible, sin partes. No tiene ni forma ni diseño, ni dentro ni fuera, ni izquierda ni derecha. La Consciencia Pura, que es el Corazón, incluye todo y nada está fuera o aparte de ella. Esta es la última Verdad.

* * *

La Conciencia Pura, totalmente desapegada del cuerpo físico y más allá de la mente, es una cuestión de experiencia directa. Los sabios conocen su Existencia Eterna e incorpórea, de la misma forma que el hombre común conoce su existencia corporal. Pero la experiencia de la Conciencia puede ser con o sin percepción del cuerpo. Durante la experiencia incorpórea de la Conciencia Pura, el sabio está más allá del tiempo y del espacio y, por lo tanto, ninguna pregunta surge acerca de la ubicación del Corazón.

* * *

En cierto modo, hablar de la realización del Sí-mismo es un engaño. Debido a que la gente ha permanecido en el engaño de que el no-mismo es el Sí-mismo y lo irreal es lo real, tienen que ser deshabituados de tal actitud a través de otro engaño denominado autorrealización, porque de hecho el Sí-mismo siempre es el Sí-mismo y no hay tal cosa como realizarlo. ¿Quién está aquí para realizar qué y cómo, cuando todo lo que existe es el Sí-mismo y nada más que el Sí-mismo?

* * *

¿Acaso predicar consiste en subirse a una plataforma y avasallar a la gente con palabras? Predicar es simplemente comunicar Conocimiento y, en el fondo, solo se puede hacer en el silencio. ¿Qué piensas de un hombre que escucha un sermón durante una hora y se marcha sin haber sido lo suficientemente impresionado como para cambiar su vida? Compáralo con otro que se sienta en la proximidad de una presencia sagrada y se va luego a su casa con un enfoque sobre la vida completamente transformado. ¿Qué es mejor? ¿Predicar sonoramente sin efecto o permanecer sentado en silencio emanando fuerza interior?

* * *

¿Cómo surge la palabra? En primer lugar está el conocimiento abstracto, del que surge el ego, que da lugar a la aparición del pensamiento, y el pensamiento a su vez se convierte en palabra hablada. Por lo tanto la palabra es el biznieto de la Fuente original. Si la palabra puede producir efecto, considera hasta qué punto puede ser tanto más poderosa la enseñanza a través del silencio; pero la gente no comprende esta sencilla verdad, la Verdad de su experiencia cotidiana siempre presente, esta verdad del Sí-mismo. ¿Acaso hay alguien que no está consciente del Sí-mismo? Pero no quieren saber nada de esta Verdad y, sin embargo, están deseosos de saber cosas sobre el cielo, el infierno, la reencarnación, etc.

* * *

El Sí-mismo es el corazón autoluminoso. La iluminación surge del Corazón y llega al cerebro, que es la sede de la mente. El mundo es visto con la mente. Así pues, ves el mundo a través de la luz reflejada del Sí-mismo. El mundo se percibe mediante una actividad de la mente. Cuando la mente es iluminada, percibe el mundo, y cuando no lo es, no lo percibe.

* * *

El Sí-mismo en su pureza se puede experimentar en el intervalo entre dos pensamientos. El ego es como una oruga que solamente suelta una hoja cuando ha agarrado otra. Su verdadera naturaleza se capta cuando está desconectada de los objetos y de los pensamientos. Debéis percibir este intervalo como la realidad inmanente e inmutable. Esta realidad es tu verdadero ser, que es el sustrato de los tres estados de la mente (sueño, sueño profundo, vigilia).

* * *

El sabio encarna todas las virtudes que surgen en él espontáneamente. Aparentemente activo, el sabio no está implicado en ningún acto. Aparentemente inactivo, el sabio es realmente un ejecutante. Al haber trascendido los tres estados mentales, el sabio permanece meramente como la Consciencia Pura, inafectado por las posturas del cuerpo y de la mente. Para él el estado de *turyatita* (estado de iluminación viendo el mundo) es el estado de *turya* (iluminación) y los otros tres estados no existen. Ya que el sabio no es el hacedor, es irrisorio atribuirle *prarabdha karma* (karma pendiente).

* * *

La sensación «yo trabajo» es un obstáculo. Pregúntate a ti mismo: ¿Quién trabaja? Recuerda quien verdaderamente eres, y entonces el trabajo no te atará; se desenvolverá automáticamente. No hagas ningún esfuerzo para trabajar ni para renunciar. Tu esfuerzo es la atadura. Lo que está destinado a suceder, sucederá. Déjalo en manos del Poder Superior. Tú no puedes renunciar o retener según tu voluntad.

* * *

Un viajero en una carreta se duerme. Los bueyes se mueven, permanecen quietos o bien se les quita el yugo a lo largo del viaje. Como está dormido, desconoce estas operaciones, pero al despertar se halla en un lugar diferente. Ha ignorado gozosamente tales cambios durante el camino, pero el viaje ha concluido. De la misma manera ocurre con el Sí-mismo de una persona. Podemos comparar el siempre despierto Sí-mismo al viajero que duerme en el carro. El estado de vigilia es cuando se mueven los bueyes; el *samadhi* (enstasis) es cuando permanecen quietos, es decir, que existe consciencia pero no actividad (los bueyes están bajo el yugo, pero no se mueven), y el sueño profundo es cuando los bueyes están sin el yugo, ya que hay una cesación de toda actividad.

* * *

SOBRE LA PANTALLA de un cine se proyectan escenas, pero las imágenes ni afectan ni modifican la pantalla. El público atiende a las imágenes, no a la pantalla. Estas imágenes no pueden ser vistas sin la pantalla, pero sin embargo la pantalla es ignorada. Del mismo modo el Sí-mismo es la pantalla donde tienen lugar todos los fenómenos del mundo. Un hombre percibe los fenómenos, pero no percibe su propia esencia. De todas maneras, el mundo fenoménico no es aparte del Sí-mismo. Las actividades prosiguen tanto si uno percibe el Sí-mismo como si no lo percibe, del mismo modo que las imágenes siguen proyectándose se perciba o no la pantalla.

* * *

LAS ACTIVIDADES y los estados dependen todos del punto de vista. Un cuervo, un elefante, una serpiente, cada uno hace uso de uno de sus órganos para dos propósitos diferentes. El cuervo, con el pico, canta y come; el elefante, con la trompa, dispone de nariz y mano; la serpiente, con sus ojos, ve y oye. Si dices que el cuervo tiene un pico para dos cosas, o el elefante una mano y una nariz o la serpiente ojos y olfato, todo es lo mismo.

En el caso del sabio, dormir despierto o estar despierto mientras duerme o soñar dormido o soñar durante la vigilia, todo le es más o menos igual.

* * *

Una sola consciencia atraviesa los estados de vigilia, sueño profundo y sueño con ensueños. En el sueño profundo no hay yo. Tal pensamiento surge al despertar y luego aparece el mundo. Durante el sueño profundo, ¿dónde estuvo el yo? ¿Estaba o no estaba? Tiene que haber estado también, pero no de la manera que tú sientes al estar en vigilia. El yo del sueño profundo es el verdadero yo. Es el que permanece siempre. Si logras conocer esta consciencia, verás lo que está más allá de los pensamientos.

* * *

En todas partes está la soledad. El individuo siempre está solo. Su trabajo consiste en buscar en el interior y no en el exterior. No dejes lugar a las distracciones; investiga para quien hay distracciones. Tú te quejas de que la contestación no proviene de tu búsqueda interior. El buscador es la contestación y ninguna otra contestación puede venir. Lo que viene no puede ser verdadero; lo que *es* es lo verdadero.

* * *

El sueño profundo no es ignorancia; es el estado puro de uno mismo. La vigilia no es conocimiento; es ignorancia. En el sueño profundo hay plena consciencia y en el estado de vigilia plena ignorancia. Tu verdadera naturaleza abarca ambos y se extiende más allá. El Sí-mismo está más allá del conocimiento y de la ignorancia. Los estados de sueño profundo, sueño con ensueños y vigilia son solamente sombras desfilando delante del Sí-mismo. Prosiguen tanto si uno los percibe como si no. El estado del sabio (el cual experimenta el *samadhi* en vigilia, sueño con ensueños y sueño profundo) se puede comparar al viajero en la carreta de bueyes mientras estos unas veces caminan, otras están quietos y otras sin yugo durante el trayecto. Tales ejemplos son desde la perspectiva del que no es un sabio, porque desde la del sabio no tendrían lugar.

* * *

El estado que trasciende la palabra y el pensamiento es *mouna*. Es meditación sin actividad mental. Someter la mente es meditación. La meditación profunda es la palabra eterna. El silencio es siempre elocuente; es el fluir perenne del lenguaje. Se interrumpe al hablar, ya que las palabras obstruyen el lenguaje silencioso. Los discursos pueden entretener a individuos durante horas sin mejorarlos. El silencio, por el contrario, es permanente y beneficia a la humanidad entera. Al decir silencio, nos referimos a Elocuencia. Los discursos orales no son tan elocuentes como el silencio. El silencio es elocuencia permanente; es el mejor idioma.

* * *

Todas las religiones postulan los tres fundamentos: el mundo, el alma y Dios. La única Realidad se manifiesta como los tres. Podemos decir que los tres son verdaderamente los tres solo mientras dura el ego. Por lo tanto, residir en el propio Ser, donde el ego ha muerto, es el estado perfecto.

* * *

La autoinvestigación que sigue la pista del yo es como el perro que sigue la pista de su dueño a través del olor. El dueño puede estar en un lugar distante y desconocido, pero eso no impedirá que el perro lo alcance. El olor del dueño es una pista inconfundible para el perro y no cuenta ni como aquel está vestido, se arregla o cualquier otro detalle. El perro se concentra unidireccionalmente en el olor durante la búsqueda y al final logra alcanzar a su amo.

* * *

La palabra yo es ella misma muy sugestiva. Las dos letras de esta palabra demuestran que comprende todo. ¿Cómo? Porque yo significa la existencia misma. Aunque la idea de «yo» o «mío» la podemos designar como un pensamiento, no es en realidad como los otros pensamientos. La razón es que, al contrario que los otros pensamientos que no tienen una interrelación esencial entre ellos, el pensamiento «yo» está, sin embargo, interrelacionado con todos y cada uno de los otros pensamientos de la mente. Sin el pensamiento «yo» no puede surgir ningún otro pensamiento. Sin embargo, el pensamiento «yo» puede subsistir solo, sin depender de ningún otro pensamiento de la mente. El pensamiento «yo» es, por lo tanto, fundamentalmente diferente de los otros procesos pensantes.

* * *

El ego funciona como nudo entre el Sí-mismo (la pura Consciencia) y el cuerpo físico, que es inerte e insensible. En tu investigación sobre la fuente del pensamiento «yo», debes tomar el aspecto esencial de la consciencia del ego. Esta investigación te conducirá a la realización de la pura Consciencia del Sí-mismo.

* * *

La Consciencia Indiferenciada del Puro Ser es el Corazón de lo que realmente eres. Tal es el significado de la palabra *hridayam,* que significa Corazón Soy Yo. Del Corazón surge la sensación Yo Soy como el dato primario de la experiencia. Por sí solo es puro, es decir, incontaminado por *rajas* (actividad) y *tamas* (inercia). Es en la forma pura de *sattvas* (pureza y equilibrio) que el yo parece seguir en el sabio.

* * *

El Conocimiento no existe sin la ignorancia ni la ignorancia sin el Conocimiento. Solo aquel conocimiento es verdadero en el que uno conoce el Sí-mismo a través de la autoinvestigación. Conocer todo sin conocer el conocedor es ignorancia. Al conocer el Sí-mismo, que es el sustrato del conocimiento y de la ignorancia, el conocimiento y la ignorancia mueren.

* * *

Solo aquello que ni es conocimiento ni no conocimiento es Conocimiento. Lo que se conoce no es el verdadero Conocimiento. Puesto que el Sí-mismo resplandece sin necesidad de conocer nada ni de demostrar nada, Él es solamente Conocimiento. No vacío. Él es. El Sí-mismo que es Conocimiento es la única realidad. El conocimiento de la multiplicidad es conocimiento falso. Este falso conocimiento, que solamente es ignorancia, no tiene existencia aparte del Sí-mismo, que es Conocimiento-Realidad. Las joyas en su multiplicidad son ilusorias; ¿acaso tienen otra realidad que el oro que las conforma?

* * *

K<small>ARMA DA FRUTO</small> y así lo ordena el Creador. ¿Es *karma* (la acción) Dios? El *karma* no es sensible. Los resultados del *karma* desaparecen, pero dejan semillas que impulsan al sujeto al océano del *karma*. El *karma* no confiere ninguna salvación, pero actos hechos con espíritu de desapego y como servicio a Dios purifican la mente y señalan el camino a la Liberación.

* * *

A<small>QUEL CONOCIMIENTO</small> es Conocimiento real cuando trasciende tanto el conocimiento como la ignorancia. Allá no hay nada que conocer. Cuando uno conoce la verdadera naturaleza, entonces hay Ser sin principio y sin fin. Es consciencia de gozo sin interrupción. Permanecer en este supremo estado realizando lo que queda cuando todo trazo de yo ha sido eliminado, es buena austeridad.

* * *

E<small>STE ESTADO</small> supremo se puede obtener aquí y ahora mediante el contacto con sabios o puede ser realizado a través de la meditación profunda de la autoinvestigación. Este estado no puede ser alcanzado mediante la ayuda de un preceptor ni a través del conocimiento libresco, ni a través del mérito espiritual ni de ningún otro método. Si logras asociarte con sabios, ¿para qué sirven los otros métodos de autodisciplina? Dime de qué sirve un abanico cuando sopla la fresca y suave brisa del sur.

* * *

El agua bendita del peregrinaje, las imágenes de dioses hechos de piedra y barro, no se pueden comparar con la mirada benigna del sabio. Aquellos te hacen puro después de días innumerables de gracia. ¡Sabe que el sabio solo con darte su graciosa mirada te hace puro!

* * *

El estado de no aparición del yo es el estado de permanencia de Aquello. Sin efectuar esta búsqueda, logrando la no aparición del yo ¿cómo puede uno extinguirse de forma que el yo nunca vuelva a surgir? Sin ese logro, ¿cómo es posible permanecer en ese estado que es Aquello?

* * *

No pronunciar nunca la palabra yo y buscar con la mente vuelta hacia el interior, localizando el lugar donde el yo surge: es el único camino de investigación que conduce al autoconocimiento. ¿Cómo puede ser de ayuda cualquier otra contemplación como «yo soy esto» o «yo no soy esto»?

* * *

Mediante la investigación ¿Quién soy yo? uno alcanza el corazón y el yo individual baja la cabeza y de repente la Realidad se manifiesta espontáneamente como el yo-yo. Y este yo-yo no es el yo del ego, sino el perfecto Ser.

* * *

Buscar y permanecer en la Realidad, que siempre está alcanzada, es el único logro. Si se dice que la Liberación es de tres tipos: con forma, sin forma y con y sin forma, déjame decirte que la extinción del ego que pregunta cuál de los tres tipos de Liberación es el verdadero, tal es la verdadera Liberación.

* * *

La gracia es el comienzo, el medio y el final. La gracia es el Sí-mismo. Debido a la falsa identificación con el cuerpo, la gracia se confunde con un cuerpo. Pero el punto de vista del *guru* es solamente desde el Sí-mismo y el Sí-mismo es solo uno. Él te dice que el Sí-mismo es lo único que existe. Por lo tanto, el Sí-mismo es tu gracia. ¿De dónde vendrá la gracia? Solamente del Sí-mismo. La manifestación del Sí-mismo es la manifestación de la gracia, y viceversa. Todas las dudas surgen debido a un enfoque equivocado y, en consecuencia, de esperar cosas exteriores a uno mismo. Nada es exterior al Sí-mismo.

* * *

No hay misterio más grande que el siguiente: que siendo nosotros mismos la Realidad intentemos alcanzar la Realidad. Creemos que hay algo que ata nuestra Realidad y que tiene que ser destruido antes de que la Realidad pueda alcanzarse. Esto es ridículo. Un día amanecerá en el que tú mismo te reirás de tu esfuerzo. Aquello que ha de estar el día que tenga lugar esa risa, también está ahora.

* * *